십이지 경영학

십이지 경영학

손욱 지음

페이퍼로드
paperroad

1

생각의 기술 | 위기를 꿰뚫는 CEO의 사고방식

2 혁신의 기술 | 위기를 넘어서는 경영혁신 파워

화는 회의를 낳는다"· Who to Do의 시대, 누가 변화 주도자인가?· CEO는 스토리텔러이자 현장 감독 · 끈질기게 그러나 온유하게

Innovation Tool   일본 TDK의 IPS

승자의 조건이 바뀌었다 · 핵심 인재 한 사람의 가치는? · 링겔만 효과와 인재 쓰기 · 교육에 대한 투자야말로 무한대의 고수익 투자다 · 인재를 섬기는 리더십 마인드가 필요하다

Innovation Tool   기업의 인재 양성 사령부, CLO와 리더십 센터

끝장토론도 혁신 전략, 장벽 없는 조직으로 가라 · 의사소통의 갭을 줄여라 · 미들 업 다운(Middle Up Down) 시스템이 필요하다 · 실질적인 도움을 주는 네트워크를 구축하라 · 휴먼 네트워크를 위한 'ㅁ' 커뮤니케이션을 추구한다

Innovation Tool   전체의 지혜를 모으는 커뮤니케이션 혁신법, KI ㅣ 네트워크를 이용한
                   커뮤니케이션 혁신법, PERT/CPM

'타도, 미국'을 부르짖은 일본 기업의 혁신 노력 · 일본 기업에 대한 미국 기업들의 대응 · 톰 피터스의 경영 혁명 · 삼성도 한때는 뛰어난 혁신 모방자였다

Innovation Tool   가치 혁신(VI)을 통해 '특별한 새로움'을 손에 넣어라

아우토반의 룰과 과학적 관리 · 왜 선진국을 따라잡을 수 없는가? · 잠재력은

룰과 프로세스를 통해 폭발한다 · 노 프로세스 노 워크! · 룰과 프로세스는 CEO 위에 존재한다 · 역할과 권한 위임의 경계를 명확히 하라 · 프로세스를 만드는 이유는 프로세스를 더 빨리 바꾸기 위해서다

Innovation Tool 기업의 '제식 훈련법', IE · VE · QC

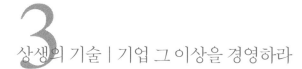

상생의 기술 | 기업 그 이상을 경영하라

'평천하(平天下)' 의 경영이란 무엇인가? · '시큐리티 홀' 에 주의하라 · 빅뱅을 가져오는 한국인의 신바람 · '의인불용 용인불의' 의 용병술

Innovation Tool 신뢰 경영을 위한 혁신 도구, 페어 프로세스

주고 또 주면 더 큰 결실이 돌아온다 · 혁신 경험을 나누어라 · 리더의 자기관리는 어떠해야 하는가? · 굿바이 잭 웰치?

Innovation Tool CSR 없이는 21세기 초우량 기업도 없다

닥쳐오는 경제 위기,
경영의 지혜를 어디서 구할 것인가?

해마다 가을이 되면 나는 일찌감치 그 다음 해의 띠를 살펴고, 그 속에 숨겨진 선조의 지혜를 찾아보곤 했다. 선조의 지혜가 현재 내가 가진 경영 화두나 조직의 전략 방향과 어떤 연결고리를 맺고 있는지, 또 어떤 새로운 아이디어나 교훈을 주는지 생각해보기 위해서였다. 나아가 그것을 그해에 집중해야 할 경영 방침으로 종합 정리하여 회사의 신년 하례식 자리에서 제시해왔다.

이런 작업을 몇 년간 해오면서 체득한 것이 하나 있다. 십이지에는 분명 기업 경영, 더 나아가 인생 경영에 교훈이 될 만한 선조의 지혜가 깃들어 있다는 확신이다. 이 책은 바로 이런 나의 생각과 경험을 정리한 것이다.

선조들은 어째서 십이지라는 체계를 만들었으며 그것을 특정 순서로 배열해놓은 것일까? 그저 자기 주변의 여러 동물을 별 뜻 없이 나열한 것에 불과할까?

우스개 애기처럼 영특한 쥐가 소의 등에 올라타 결승선에 다가갈 때 폴짝 뛰어 1등을 했다 해서 가장 먼저 언급되었다고는 말할 수 없을 것이다. 전통 한옥의 대들보를 올릴 때 상량식을 거행하는데, 이때 북어 세 마리를 실에 매달아 걸어둔다. 그 이유를 단지 귀신을 쫓고 액운을 막기 위함이라고 치부해버리기에는 뭔가 허전하다. 북어가 뱀의 독을 해독하는 비상 구급약이라는 점을 잊지 말라는 선조의 가르침일지도 모르기 때문이다. 강원도는 황태가 유명하다. 유독 연탄 매장량이 많아 지하로부터 고농도의 가스가 다량 배출되기 때문에 이를 해독하려고 황태를 자주 먹은 덕분이다. 황태가 해장에 좋을 뿐만 아니라 연탄가스 해독에 특효라는 선조의 지혜가 이곳 음식 풍토에 반영된 것이다.

선조들은 이렇듯 다양한 삶의 지혜를 열두 동물에 담아 여러 문헌과 이야기를 통해 후손에게 전승해주었다. 십이지는 운수나 사주, 궁합 등을 보는 데도 활용되고, 묘 둘레석으로 배치되기도 했다. 십이지에 삶과 죽음, 나아가 삼라만상의 이치가 담겨 있다면 지나친 비약일지도 모르지만, 그것이 쉽게 구하기 힘든 지혜의 보고라는 것만은 분명하다. 기업 경영인의 한 사람으로서 나는 늘 십이지라는 선조의 보고 속에서 기업 경영의 지혜를 찾고자 했다. 그리고 열두 동물의 상징에서 경영의 정수까지 찾아낼 수 있음을 깨달았다.

처음 네 동물인 자축인묘(쥐, 소, 호랑이, 토끼)에서는 성공하는 기업의 CEO들이 공유하고 있는 지혜로운 사고방식의 열쇠를 얻을 수 있다. 그것은 상황 분석, 원인 규명, 의사결정, 잠재문제 분석 등으로 이어지는 사고의 기본 틀이다.

다음의 여섯 띠는 경영의 혁신 역량을 나타내는 '지표 동물'이라 할 수 있다. 핵심 역량의 용(진), 변화 관리의 뱀(사), 인재 양성의 말(오), 의사소통의 양(미), 모방을 통한 창조 혁신의 원숭이(신), 룰과 프로세스 혁신의 닭(유) 등이다.

나머지 둘은 신뢰와 상생의 개(술), 나눔과 지속 성장의 돼지(해)로 이는 기업 경영의 궁극, 인생의 최고 선(善)에 도달하기 위한 키워드라 할 수 있다. 예컨대 돼지에는 기업의 지속 성장(Sustainable Growth)을 위해 나누고 또 나누는 '나눔 경영(Give & Give)'의 철학이 숨어 있다. 이는 '인간 욕구 5단계'로 유명한 매슬로 박사가 말년에 자기 이론을 수정하여 기존 5단계의 자아실현보다 상위에 추가한 내용(Helping Others to Self-Actualization)과도 일맥상통한다. 즉 남들이 자아실현과 꿈을 이루도록 도와주는 일이다.

올바른 기업 경영을 위한 혁신 기법은 수도 없이 존재한다. 그런데 아쉽게도 일부 경영자들은 한두 가지 혁신 기법을 익힌 후 그것이 전부라고 착각하고, 거기에만 매달려 오류를 범하기도 한다. 모든 종업원의 이름을 외울 정도로 규모가 작은 기업이라면 경영의 균형이 잡히지 않아도, 얼마간 부족한 부분이 있어도 크게 문제가 되지 않을 수 있다. 그러나 규모가 점점 더 커질수록 기업 전체의 시스템 차원에서 균형 잡히고 부족한 부분이 없는 경영 혁신을 추진해야지 한두 가지에 무리하게 집중하면 결국 망하고 만다.

지금 우리가 맞이한 경제 위기와 관련해서도 마찬가지다. 많은 경제 전문가와 학자들이 입을 모아 말하길, 이 위기가 어떻게 전개될지, 어떻게 극복의 대안을 마련해야 할지 알 수 없다고 한다.

그렇다면 우리는 어디에서 지혜를 구할 것인가? 나는 이런 때일수록 경영의 원점으로 돌아가 기본기를 단단히 익혀두는 것이 가장 중요하다고 생각한다. 전쟁터에 나가 싸움에 열중해야 할 장수가 왜 틈만 나면 병서(兵書)를 들추겠는가? 바로 거기에 현실의 어려움을 타개해나갈 전략과 전술의 기초가 있기 때문이다. 십이지 동물을 통해 경영의 기본기를 익히는 것도 그와 같다고 생각한다. 기초가 튼튼해야 천변만화하는 응용법도 탄생할 것 아닌가?

중소기업이나 벤처기업의 젊은 CEO들이 경영의 숲을 보면서 나무도 함께 보도록 하기 위해 어떤 이야기를 해야 할까? 어떻게 한몫에 꿰뚫어 경영 환경을 이해하도록 할 수 있을까? 그 방법으로 나는 십이지만큼 좋은 게 없다고 생각했다. 미래에 대기업이 되고, 글로벌 기업이 되기 위해서는 십이지에 숨겨진 경영의 지혜를 두루 익혀 활용하는 것이 바람직하다.

십이지에 대해 이 글에서 제시한 바와 다른 시각을 갖고 해석할 수도 있을 것이다. 인생의 바이블이자 경영의 바이블로서 십이지에 숨겨진 지혜를 더 많은 사람이 각자 스스로 찾아내준다면 더욱 좋겠다. 인생이나 기업이나 경영의 요체는 같다. 지혜를 발견하고 자기 것으로 만들면 격(格)이 달라질 것이며, 기업의 품격뿐 아니라 삶의 질 또한 달라질 것이라 확신한다.

손욱

1

생각의 기술
위기를 꿰뚫는 CEO의 사고방식

뛰어난 예지력으로 위기의 실체를 파악한다

쥐는 십이지 가운데 첫 번째 동물이다. 왜소하고 약해서 흔히 쥐는 하찮은 존재로 여겨진다. 하지만 쥐는 뛰어난 예지력과 생존력의 표상이다.

'쥐 죽은 듯 조용하다' 라는 속담이 있지만, 이는 단지 죽은 쥐에 대한 이야기일 뿐이다. 살아 있는 쥐는 언제나 생존을 위해 필사적으로 주변 상황을 주시한다. 큰 지진이 발생하기 전에 그 사고를 가장 먼저 알아채고 움직이는 동물이 바로 쥐다. 배에 무슨 일이 생기면 위험을 알아채고 가장 먼저 높은 곳으로 기어 올라가는 것이 쥐다. 그만큼 쥐는 환경 변화에 민감하게 반응한다. 상황 인식에 재빠른 만큼 위험에 대한 대처도 빠르다.

기업 경영에서 쥐가 가르쳐주는 바는 "자기의 현 위치 현 상황을 재빨리 파악하라"는 것이다. 단순히 상황을 인지하는 것만으로는 부족하다. 이러한 인식을 어떻게 생존 차원의 위기의식으로 삼아 발 빠르게 대처하느냐가 위기 돌파의 관건이다. 쥐는 같이 모여 살며 함께 움직인다. 위기의식도 혼자 느끼면 안 되고, 구성원이 함께 인식의 수준을 맞추어야 한다. 특정한 쥐 혼자 위기의식을 느끼는 건 의미가 없다.

위기 돌파의 기본을
생각하라

살아남느냐 죽느냐

기업 경영자라면 개리 킬달(Gary Kildal)이란 이름을 잊어선 안 된다. 그는 1970년대에 세계에서 처음으로 컴퓨터 운영 체계(OS)를 개발한 당대 최고의 컴퓨터 프로그래머였다. 그는 1974년 디지털리서치라는 회사를 세웠다. 그가 만든 DR-DOS는 날개 돋친 듯 팔려나갔다. 이 제품 하나로 그는 한동안 엄청난 부를 누렸다. 그러나 이렇게 시장을 독점한 개리 킬달에게는 긴장감이 없었다.

그는 1980년 IBM이 운영체계 공급 계약을 맺자는 것을 거부했다. 누구도 자기 제품에 도전하지 못할 것이라는 착각에 빠져 있었기 때문이다. 디지털리서치를 대신해 IBM에 운영

체계를 공급한 회사가 바로 빌 게이츠의 마이크로소프트였다. 킬달의 소프트웨어와 큰 차이가 없는 MS-DOS는 이때부터 운영체계 시장을 독점하면서 승승장구하기 시작했다. 잘 알다시피 마이크로소프트의 빌 게이츠 회장은 2006년까지 12년 동안 세계 최고의 부자 자리를 지켰다. 개리 킬달의 디지털리서치는 마이크로소프트의 그늘에 가려져 있다가 결국 1991년 노벨 사에 헐값으로 팔렸다.

한 시대를 주름잡다 몰락해 역사의 뒤편으로 사라져버린 기업들의 이름을 써내려가자면 이 책의 몇 페이지를 할애해도 모자랄 것이다. 몰락한 기업의 최고경영자들이 아무런 노력을 하지 않은 건 결코 아닐 것이다. 그러나 도전자들은 더 많은 노력을 했다. 도전자들은 더 값싸게 제품을 생산해 공급하거나 더 좋은 품질의 제품을 내놓거나 세련된 디자인으로 고객을 사로잡거나 아예 새로운 상품으로 기존 상품을 낡아빠진 것으로 만들어버렸다.

도전자는 쉼 없이 등장한다. 예를 들어 2006년 9월에는 우리나라에서만 4197개 법인이 신설됐다. 하루 평균 140개 법인이 새로 만들어진 셈이다. 게다가 그것은 단지 우리나라의 통계일 뿐이다. 세계화 시대에는 국경이 없다. 전 세계에서 경쟁자가 하루에도 셀 수 없이 탄생한다. 물론 이들 모두가 화려한 성공을 거두는 것은 아니다. 그러나 분명 이들은 기존 기업들보다 더 큰 만족을 고객들에게 안겨주기 위해 노력한다. 시장이란 이런 과정을 통해 쉼 없이 혁신이 일어나는 곳이다. 따라서 치열한 경쟁의 세계에서 살아남는 길은 오직 하나뿐이다. 경쟁자보다 한 발 앞서 고객에게 더 큰 가치를 줄 수 있도록 움직이는 것. 한마디로 쉼 없이 혁신하는 것 외에 달리 방법이 없다.

전문가들이 진단하는 초우량 기업의 평균수명은 고작 30여 년이다. 이들의 수준에 이르지 못한 보통 기업이라면 말할 것도 없다. 오늘날처럼 지식과 기술의 발달 속도가 초음속인 시대엔 기업의 평균수명이 더 짧아진다. 지난 2000년 상위 10위 안에 들었던 포털사이트 가운데 5년 뒤 10위 안에 남은 것은 5개밖에 안 된다. 더 빨리 더 가일층 변하지 않으면 죽는다는 사실을 이로써도 알 수 있다.

기업의 생존 주기에는 일정한 패턴이 있다. 흔히 하나의 왕조가 성립해서 멸할 때까지는 네 단계를 거친다고 한다. 1단계는 창업, 2단계는 수성, 3단계는 경장(更張), 마지막 단계가 쇠락이다. 물론 수성 단계에서 실패하면 곧바로 쇠락한다. 경장에 실패해도 바로 쇠락한다. 하지만 경장에 성공하면, 그것이 제2의 창업이 되어 새로운 왕조의 일생을 시작하게 된다. 이 경장이 기업에게는 바로 '혁신'이라 할 수 있다.

지금 우리 앞으로 '미증유', '전대미문' 등 무시무시한 수식어를 단 위기가 닥쳐오고 있다. 그러나 난세에 영웅이 나온다는 말도 있다. 비록 현재는 엄청난 위기에 휩싸여 있지만, 여전히 미국의 대표적인 자동차 회사들인 GM, 포드, 크라이슬러 등은 1920년대의 공황을 뚫고 나오면서 메이저 기업이 된 경험이 있다. 얼마 전 닷컴 버블이 말썽이 되었을 때도 유사한 사례는 있었다. 그때의 어려움을 뚫고 현재 세계적인 기업으로 발돋움한 회사들이 바로 웹 2.0 기업들이다. 전문가들이 말하는 '새로운 경제 엘리트'는 이처럼 크나큰 위기와 수많은 기업들의 무덤 위에서 탄생했다. 그러므로 다음과 같은 물음은 이 위기의 시대에도 더욱 빛을 발할 수밖에 없을 것이다.

우리는 개리 킬달이 될 것인가, 빌 게이츠가 될 것인가?

결국 문제는 고객이다

1999년 내가 삼성종합기술원에 처음 부임했을 때의 일이다. 과거 10년간의 완료과제에 대한 성공과 실패를 분석한 결과를 보니, 95% 이상 성공한 것으로 자평하고 있었다.

95%라면 실로 대단한 것이다. 그러나 실제로 고객, 즉 기술원의 기술을 이용하는 계열사들을 만나보았을 때에는 평가가 달랐다. 기술원에서 개발한 기술을 가져왔으나 실제로 적용하기는 힘들더라는 평이 대부분이었다. 완성도가 떨어져 추가로 기술을 개발하는 데 2년이 걸렸다거나, 기술을 가져오기는 했으나 타이밍이 늦는 바람에 결국 폐기했다는 등의 평가가 나왔다. 고객이 느끼는 기술원 과제의 성공률은 18%에 불과했다.

기술원의 문제는 무엇이었을까? 고객 관점에서 필요한 것이 무엇이고 이를 언제까지 어떤 수준으로 만들어야 하는가를 깨닫지 못하고 있다는 점이었다. 기술을 위한 기술 개발에 그치지 않고 고객가치 창출을 최우선하는 기술 개발로 바꾸는 것이 가장 시급했다.

1996년 삼성SDI에 부임했을 때도 비슷한 일을 겪었다. 나는 TV 시장의 특성과 PC 시장의 특성은 분명히 다르기 때문에 TV 시장의 체질로 PC 시장에 대응하면 망할 수밖에 없다고 봤다. 즉 TV 시장은 연초에 가격이나 물량에 대해 합의하면 대개 1년간 그대로 지켜지는 시장이다. 그러나 PC 시장은 가격이 매달, 매주, 아니 매일 급변한다. 이처럼 시장 특성이 분명히 다른데도, 당시 삼성SDI는 과거에 알고 있던 TV 시장

경쟁 환경만을 생각하고 PC 시장에 대응하고 있었다. 당시는 경쟁 심화로 PC 브라운관 가격이 엄청나게 떨어지고 있었고, 고객사는 추가로 값을 낮추기 위해 한 제조업체로 몰아주기 식 주문을 할 게 불 보듯 뻔한 상황이었다. 많은 제조업체가 경쟁에서 탈락할 수밖에 없었다. 그런데도 삼성SDI는 지난 몇 년간 TPI(Total Productivity Innovation, 종합생산성혁신) 등을 도입하여 경쟁력을 향상해왔고, 그동안 잘해왔기 때문에 앞으로도 잘할 수 있다는 막연한 생각을 품었을 뿐이다.

나는 대만으로 가서 거래하던 고객사의 목소리를 직접 들어보았다. 우려하던 대로였다. 그동안은 공급이 부족해 여러 제조업체와 거래했지만, 이제는 공급이 충분하니 거래업체를 3개 이내로 줄이겠다고 했다. 그러면 당연히 품질이 우수한 업체만 남게 될 것이었다. 그런데 품질을 비교해보니 삼성SDI는 경쟁사 가운데 여섯 번째였다. 납기 만족도도 우리 쪽에서는 이전보다 향상되었다고 생각하고 있었으나, 실제로 고객사가 느끼는 것은 달랐다. 삼성SDI 내부에서는 매달 제날짜에 선적하기만 하면 납기가 지켜졌다고 생각했으나, 고객사 입장에서는 필요할 때 필요한 물건을 받는 것이 납기가 지켜지는 것이라고 생각했다. 바로 우리가 다름 아닌 우물 안 개구리였던 것이다.

또 다른 예를 들어보자. 브리태니커 백과사전은 1768년 영국 스코틀랜드에서 첫 선을 보였다. 그 후 브리태니커 사전은 인류가 쌓은 지식을 한곳에 담은 참되고 신뢰할 만한 지식의 보고라는 명성을 200년 넘게 이어왔다. 그러던 브리태니커가 1990년대 들어 2300명에 이르던 방문판매 사원을 줄였다. 일부만 줄인 것이 아니다. 아예 한 명도 남기지 않았다. 인터넷에 필요한 정보가 다 있는데 사람들이 왜 1250달러나 주고 32권이나 되는 백과사전을 사겠느냐는 것이었다. 브리태니커는 이제 그 무거운 인쇄본 대신 시디롬에 내용을 담아 인터넷 망을 통해 판다.

브리태니커의 영업망을 바꿔놓은 것이 누구인가? '컴퓨터와 인터넷'인가? 그렇게 말할 수도 있다. 그러나 그것은 정답이 아니다. 그것은 단지 달라진 시장 환경일 뿐이다. 이사 다닐 때마다 짐이 되는 무거운 인쇄판 백과사전보다는 인터넷에서 큰돈 들이지 않고 찾을 수 있는 정보, 시디롬에 담긴 간편한 백과사전을 선호한 고객이 바로 브리태니커를 바꿔놓은 것이다.

결국 기업의 흥망을 좌우하는 것은 고객이다. 기업이 혁신을 해야 하는 이유 역시 고객에 있다. 우리 기업이 잘하고 있는지 그렇지 않은지, 모든 판단은 고객의 입장에서 내려야 한다.

"고객이 만족하고 있지 않다면, 반드시 내 쪽에 문제가 있는 것이다."

이런 사고가 혁신의 출발점이다.

고객이 기업의 운명을 쥐고 있다

현재 내가 몸담고 있는 농심에서도 나는 이러한 교훈을 얻을 수 있었다. 올해 우리는 '새우깡 이물질 파동'이라는 엄청난 사건을 경험했다. 새우깡은 40년 이상 판매되어온 농심의 대표 상품이다. 새우깡의 히트 덕에 농심은 새로운 라면을 끊임없이 개발할 힘을 얻을 수 있었다. 신라면 역시 72개국에 200억 봉지 이상 판매한 세계적인 히트 상품이다. 하지만 그렇다고 해서 소비자들이 농심을 언제나 좋은 기업으로 생각해주지는 않는다. 신라면이 좋다고 농심도 무조건 좋아지는 것은 아니다.

고객의 마음은 항상 변한다. 기업에 대한 요구 수준도 계속 높아진다. 예전에는 좋은 제품만 공급하면 되었지만 이제는 고객 개개인에게 맞춤 서비스를 해줘야 한다. 고객이 진화하는 것이다. 사실 농심은 그간 다양한 기술 혁신을 통해 우수한 생산 시스템을 갖추어 불량률을 100만 분의 1로 낮췄다. 그러나 이제 고객은 그 정도로는 만족하지 않는다. 더 높은 수준의 만족을 기대한다. 이번 사건을 겪으며 농심은 다시 한 번 고객의 눈높이를 실감했으며, 앞으로는 보다 철저한 6시그마 운동을 전개하여 불량률을 1000만 분의 1로 낮출 것이다.

기업 경영자에게는 무엇보다도 고객과의 커뮤니케이션, 소통이 중요하다. 그 중요성을 미처 깨닫지 못할 때 위기가 증폭되는 것이다. 새우깡 사건이 터졌을 때 나는 내가 직접 나서서 각 세대와 남녀를 대표한 소비자들을 모시고 '쓴소리 경청회'를 열었다. 고객의 쓴소리를 제대로 듣고 개선하겠다는 의지의 표현이었다. 또한 고객안심센터도 설립하여 소비자들의 비판에 대해 언제나 귀를 열어놓도록 했다. 나를 포함해 전 임원이 직접 고객의 전화를 받도록 방침을 세웠다.

고객은 소중하다. 기업의 운명을 쥐고 있을 정도로 가장 소중한 존재인 것이다.

일류 기업은 위기의식부터 남다르다

이 장을 시작하기 전에 경영자가 배워야 할 쥐의 장점에 대해 이야기했다. 쥐와 관련해 이런 우화도 들려주고 싶다. 어느 날 쥐가 뚜껑 열린 쌀독을 발견했다. 쌀독은 당연히 쌀로 가득 차 있었다. 쥐는 마음 놓고 쌀독으로 뛰어들었다. 마음껏 쌀을 포식하는 동안 쌀은 조금씩 줄어들었고 쥐는 점점 살이 쪘다. 그러던 어느 날, 쥐는 바닥이 매우 낮아져 있음을 문득 깨달았다. 더는 안 되겠다 싶어 쌀독 밖으로 뛰쳐나가기 위해 뜀뛰기를 했다. 그러나 그 사이 쌀이 많이 줄어든 데다, 뒤룩뒤룩 살까지 쪄서 쥐는 아무리 애써도 쌀독을 넘을 수 없었다. 위기의식을 느꼈을 때는 이미 늦었던 것이다.

똑같은 상황을 바라보면서도 사람마다 상황을 인식하는 데는 수준 차가 있다. 위기임을 아예 느끼지 못할 수도 있고, 위기임을 느껴도 그것이 얼마나 심각한지 제대로 깨닫지 못하는 수도 있다. 어떤 혁신을 단행해야 하는지, 그것을 누가 해야 하는지, 어떻게 해야 하는지 등을 생각하며 위기에 그냥 쓸려가다가 결국은 회사가 망하는 경우가 허다하다. 기업 경영에서 가장 심각한 문제는, 문제를 문제로 인식하지 못하는 것이다.

성공한 기업들은 대부분 '성공에 따른 병'을 앓는다. 오랜 세월 성공가도를 달려온 기업들은 새로운 환경에서 새로운 변화가 필요한데도 과거의 방식과 전략을 고집하기 쉽다. 지금까지 잘해왔는데 뭐가 문제랴 하고 생각하는 것이다. 그런 인식이야말로 실패로 들어서는 길이다.

기업 경영자는 상황을 정확히 인식하는 데 탁월해야 한다. 위기란 어느 날 갑자기 오는 것이 아니다. 문제가 쌓이고 쌓여 한꺼번에 터져나오는 것이다. 모든 사람이 위기임을 알아챌 정도가 되었을 때는 상황을 헤쳐나가기가 이미 매우 어렵다. 하지만 위기가 오기 전에는 반드시 징조가 있게 마련이다. 잘나가던 자동차가 갑자기 서지는 않는다. 냉각수가 부족하면 자동차가 서기 전에 뭔가 타는 냄새가 난다. 엔진오일이 부족하면 엔진에서 딸각거리는 소리가 난다. 기업도 마찬가지다. 경영 실적을 나타내는 수치가 악화되기 전에 반드시 징조가 있다. 그 징조를 보고 미리 준비할 줄 아는 자가 뛰어난 경영자다.

삼성 창업자 호암 이병철 회장은 어느 날 연수원에서 주머니에 손을 넣고 다니는 사람을 보았다. 대부분의 간부들은 주머니에 손을 넣고 다니는 사람을 보아도 아무렇지 않게 생각했다. 그러나 이 회장의 생각은 달랐다. 교육장에 교육을 받으러 온 사람이 저런 태도를 가지고 있다면 언제 들이닥칠지 모르는 위기에 어떻게 순발력 있게 대처할 수 있나 하는 생각에, 회사가 큰일 났다고 인식했다. 이것이 바로 인식 수준의 차이다.

사상 처음으로 이익을 내고도 사장과 부사장 다섯 명을 경질했던 도요타 자동차의 사례도 유명하다. 도요타는 신차를 개발할 당시 3년 동안 70만 대를 판매한다는 계획을 세웠지만, 신차가 인기를 끌면서 불과 1년 만에 목표를 달성하는 대성공을 거뒀다. 그런데 도요타는 그런 호황 속에서 오히려 경영진을 대거 갈아치웠다. 왜 그랬을까? 1년 만에 할 수 있는 일을 3년이나 걸린다며 안이한 판매 계획을 세웠다면 이는 도전정신에 문제가 있는 것이라고 판단한 것이다. 또한 5명의 부사장이 회사 전체의 목표보다 각 부분의 목표를 우선시함으로써 부서 간 두꺼운 벽을 만들어 서로 돕는 도요타 문화를 약화시켰다는 문제의식도 있었다.

여느 기업 같으면 성공의 기쁨에 취해 있을 상황에서, 오히려 잠재된 문제를 발견하고 과감히 그것을 뛰어넘는 것, 이것이 상황을 인식하는 실력이다. 일류 기업은 이처럼 위기의식부터 남다르다. 특히 최고경영자는 직원들과 같은 눈으로 상황을 봐서는 안 된다. 결산이 끝나 그 실적을 보고 기업의 위기를 판단하는 일은 누구나 할 수 있다. 그렇지만 그런 식으로 상황을 판단하다 보면, 이미 때는 늦은 것이다.

성공하는 기업의 CEO는 주위 경쟁자나 새로운 경쟁자를 볼 때 앞으로 우리가 제대로 하지 못하면 경쟁에서 탈락하거나 위험에 처할지도 모른다는 위기의식을 갖고 본다. 이는 괜히 엄살을 부리고 걱정거리를 쌓는 것이 아니다. 그런 관점에서 경쟁자를 보아야만 자신의 문제점을 찾아낼 수 있기 때문이다.

반면 성장하지 못하는 기업의 경영자를 만나 보면, 대부분 본인은 문제를 해결할 방법과 능력을 갖고 있지만 조직력, 인력, 자금력이 없어서 힘들다고 푸념을 늘어놓곤 한다. 그러나 이들의 진짜 문제는 그게 아니다. 본인부터가 문제를 제대로 보지 못하고 문제를 확실하게 정의하지 못하는 데 있는 것이다. 모든 문제가 똑같이 중요하지는 않다. 기업을 성공과 정체 혹은 퇴보의 갈림길에 서게 할 문제, 기업에 위기를 초래할 문제가 무엇인지를 파악하는 게 가장 중요하다.

설정형 문제에 주목하라

이건희 회장은 거의 매년 도쿄 구상을 했다. 일본의 앞서가는 기업들과 우리 상황을 비교해 우리의 문제가 무엇인가, 우리는 과연 생존 가능한가를 고민하는 작업이었다. 일본 기업의 변화, 경영 방식, 신기술 등을 보고 최우선적인 경영의 화두(Initiative)를 제시했던 것이다. 이처럼 CEO는 상황 변화를 관찰하고 듣고 판단하여 '과제화'로 이어가야 한다.

삼성의 현재를 만들어준 신경영의 원점은 이건희 회장이 인식한 세기말적 위기에 기반을 두고 있었다. 사회 전반에서 두루 인식되는 당대의 지배적 사고방식을 우리는 패러다임이라고 부른다. 패러다임의 변화를 인식하면 전율과 공포를 느끼는 수준에까지 도달하게 된다. 위기는 위협인 동시에 기회다. 1993년 삼성 신경영 선언 당시 이건희 회장은 크나큰 위기 인식으로 인해 등에 진땀이 흐를 정도라고 말했다. 얼마나 큰 위기를 느꼈기에 이런 말을 할 수밖에 없었던 것일까.

당시 삼성은 표면적으로 봐선 그리 큰 문제를 갖고 있지 않았다. 그러나 이건희 회장은 앞으로 닥칠 상황 변화를 내다봤다. 그러자 글로벌 인력을 키우지 않으면 미래가 없는 시대라는 것, 양(量)으로는 살아남을 수 없고 질(質)로 승부해야 하는 시대라는 것, 기술력이 기업경쟁력을 좌우하는 시대라는 것을 인식할 수 있었다. 삼성이 미래에도 살아남으려면 버릴 건 버리고 일류만 추구해야 한다는 결론에 이르게 되었다. 이것이 바로 경영자가 가져야 할 진정한 위기 인식이다. 1993년 이건희 회장이 위기를 바라보는 인식 수준은 삼성

내 다른 CEO들의 수준과 그토록 다른 것이었다. 이처럼 경영자는 회사가 앞으로 계속 성장할 수 있는지 그 지속 가능성을 인식하는 것이 중요하다.

이건희 회장의 사례에서 우리가 알 수 있는 것은 설정형 문제의 중요성이다. 회사가 처한 상황을 읽어낼 때 흔히 현재 상태만 보는 데서 그치는 경우가 많다. 하지만 그래서는 반쪽짜리 상황 파악에 그치기 십상이다. 경영자에게 궁극적으로 필요한 건 미래를 내다보며 입체적으로 생각할 줄 아는 능력이다.

경영자가 만날 수 있는 문제는 크게 발생형과 설정형으로 나눌 수 있다. 발생형 문제는 미리 세워놓은 기준과 현재 현상 간의 차이를 말한다. 일반적으로 자재, 설비, 사람, 조건 등에 변화가 생기면 애초 설정했던 기준과 차이가 생긴다. 그것이 발생형 문제이다.

설정형 문제란 미래의 목표를 진취적으로 달성해나가는 과정에서 예상되는 문제점이다. 미래 지향적인 회사라면 발생형 문제보다는 설정형 문제를 갖게 된다. 설정형 문제를 갖고 있다는 건 그만큼 도전적인 목표를 많이 세웠다는 뜻이기 때문이다. 만약 기업이 그저 발생형 문제를 해결하는 데 급급하다면 그 역시 위기의 한 징후라고 볼 수 있다. 현실에 안주하는 목표만 세우는 기업은 성장하기 어렵다.

삼성 이건희 회장은 패러다임의 변화를 예측하고 생존을 위한 목표를 설정했다. 그리고 그런 목표에 삼성의 현실을 대입해보았다. 바로 그 순간 식은땀이 줄줄 흐를 정도의 위기감을 느낀 것이다. '목표-현상'이라는 수식을 푸는 순간 '=문제점', 그것도 전율을 느끼게 하는 문제점들이 수두룩하게 튀어나온 것이다. 위기였다. 이것을 어떻게 해결하느냐가 시급한 문제였고, 그에 대한 해답이 바로 신경영 선언이었다.

최근의 위기가 패러다임의 변화와 밀접한 관계가 있음을 부인하는 사람은 없을 것이다. 그렇다면 우리는 스스로에게 물어봐야 한다. 지금 기업 내부에 똬리를 틀고 앉아 지속적으로 신호를 보내고 있는 위기의 징조는 무엇인가? 그것은 패러다임의 교체라는 대격변기와 어떤 관계가 있는가? 생존을 위한 변화를 위해 우리는 지금 어떤 과제를 가져야 하는가? 이런 물음에 만족스러운 대답을 내리지 못한다면 기업의 장래는 불투명할 수밖에 없다.

위기의식도 성과급처럼 나눠라

위기 인식과 그 대응에서 CEO의 역량이 무엇보다 중요하다는 것은 당연하다. 하지만 그것만으로는 부족하다. 근본적인 위기 탈출이 가능하려면 기업의 최상층부터 맨 아래까지 그 위기를 내 것으로 받아들이는 태도를 가져야 하기 때문이다.

우화로 유명한 이솝이 자신의 노예 시절에 관해 전해준 이야기다. 하루는 주인이 명하길, "목욕탕에 사람이 몇 명이나 있는지 알아오라"고 했다. 이솝은 주인의 명령에 따라 목욕탕에 갔다. 그런데 목욕탕 바닥에 돌부리 하나가 박혀 있었다. 사람들 대부분이 그걸 보면서도 별다른 생각 없이 지나쳤다. 그러나 오직 한 사람만은 그 돌부리가 초래할 위험을 생각하며 손수 돌부리를 빼냈다. 집에 돌아온 이솝은 주인에게 "목욕탕에 사람은 하나뿐이었습니다"라고 했다.

기업에 필요한 '사람(인재)'도 이와 같다. 자신에게 직접적인 해가 되지 않을 것 같은 위기조차 내 것으로 받아들여 누구보다 앞서 그것을 해결하려는 이가 진짜 인재다. 다시 말해 이런 인재들이 위기의식을 공유하고 해결의 실마리를 찾게 해야 기업의 위기 탈출도, 생존도 가능할 수 있다.

이때 최고경영자는 누구보다 먼저 상황을 간파하고 위기의식을 리드해나가야 한다. 아울러 자신이 배웠거나 알았던 것을 직접 보여주고, 알려주고, 교육해야 한다. 이를 통해 경영자 본인과 조직 구성원들 사이에 생기는 위기 인식의 수준 차를 줄여나가야 한다. 무릇 백문이 불여일견이라 했다. 보고 느끼게 해주면 사람은 움직이게 되어 있다. 조직원 전체가 움직여야 한다. 상사 몇 명만 움직여서는 안 된다.

우리는 오랜 세월 엄격한 위계를 가진 사회 속에서 살아왔다. 그래서 의사소통에 문제가 생기는 경우가 많다. 분명한 건 조직 내부의 원활한 의사소통 없이는 위기를 나누는 일도 불가능하다는 것이다. 하부에서 먼저 문제를 지적하거나 마음껏 의견을 내는 문화를 만들어야 한다. 사원들이 CEO에게 직접 이야기할 수 있는 분위기를 만들어주어야 한다. 내가 있던 삼성종합기술원에서는 원장과 사원이 자유롭게 이메일을 주고받았다. 농심에서 '와우 미팅'이라는 제도를 마련해 장벽 없는 대화 채널을 만든 것도 그 때문이다.

일류 경영자는 전 종업원의 위기의식을 끌어내 역량을 결집할 수 있는 능력의 소유자다. 기업 변화와 혁신의 성공은 정확한 상황 분석을 통해 위기를 인식하고 직원들이 도전과 응전의 기점(Trigger)으로서 핵심 문제를 과제화하도록 만드는 데 달려 있다.

경영의 달인들은 무엇이 다른가?

대부분의 서양 스포츠가 그렇듯 우리나라에 권투를 소개한 것은 서양 선교사들이었다. 그들에 의해 권투 글러브가 도입됐고 경기 규칙이 알려졌다. 우리나라에서 공식적인 권투 경기가 처음 열린 때는 1927년이다. YMCA 체육부에서 권투를 배운 30여 명의 선수가 출전했다. 대회라는 이름을 붙이긴 했지만, 목적은 그동안 닦은 실력을 겨뤄 기록을 한 번 남겨보자는 것이었다.

그런데 이 권투 경기에 한 번도 제대로 권투를 배운 적이 없는 사람이 출전했다. 청계천 수포교를 무대로 이름을 날리던 건달 김창엽이 그 주인공이다. 주먹깨나 쓰던 김창엽은 그까짓 애송이 권투 선수 따위는 쉽게 이길 수 있다고 믿었다. 밴텀급으로 김창엽이 출전했다는 소식은 곧 장안의 화제가 됐다. 김창엽의 상대는 김충성이라는 선수였다. 1라운드는 막상막하였다. 그런데 2라운드가 시작되자 상황이 달라졌다. 1분 20초 만에 김창엽은 김충성의 주먹을 맞고 링 밖으로 나가떨어지고 말았다. 사람들은 모두 깜짝 놀랐다. 그 누구도 유명한 김창엽이 샌님처럼 생긴 선수의 주먹에 나가 떨어지리라고 생각하지 못했던 것이다.

김창엽이 진 까닭은 무엇일까? 규칙이 있는 경기와 막싸움은 다르다는 걸 미처 몰랐던 탓이다. 벨트 아래를 때릴 수 없고, 맨주먹이 아니라 글러브를 끼어야 한다는 여러 규칙이 정해진 권투는 그가 한 번도 해본 적이 없는 싸움의 방식이었다. 권투를 하려면 그에 걸맞은 기본기가 갖춰져 있어야 했지만, 그에게는 그것도 없었다. 반면 상대는, 비록 신출내기 권투선수이기는 했지만 일정한 기본기를 갖추었기에 유명한 싸움꾼을 때려눕힐 수 있었다. 기본기의 차이는 이토록 무서운 것이다.

물론 경영의 기본기는 권투의 기본기와 다르다. 권투는 몸으로 하는 것이지만, 경영은 머리로 한다. 따라서 이 기본기는 사고방식을 훈련시킴으로써 쌓아가야 한다. 소프트웨어를 단련해야 하는 것이다.

그러나 기본기의 중요성은 권투나 경영이나 마찬가지다. 어려움을 겪는 경영자를 보면 사고하는 방식이 잘못된 경우를 자주 볼 수 있다. 그런 경영자는 한계 상황을 만나면 그것을 넘어서지 못한다. 주먹장으로서 치욕을 당한 김창엽은 그 뒤 정식으로 권투를 배웠다. 그리하여 1934년 필리핀 마닐

라에서 열린 제10회 극동선수권대회에서 동양 챔피언을 차지했다. 의욕과 열정은 있으나 기본기가 부족하다 싶은 경영자라면 김창엽의 사례를 교훈으로 삼아야 한다.

사실 경영이란 기업의 문제를 찾아 정의하고 해결하는 과정이 전부라고 해도 지나친 말은 아니다. 성공하는 기업의 가장 큰 특징은 문제를 찾아내고 그 문제를 해결하는 과정이 남다르다는 점이다. 경영의 달인들은 어떻게 문제를 찾아내고 설정하고 해결하는가? 어떻게 의사결정 하는가? 그것을 아는 것이 바로 경영의 기본기를 갖추는 일이다. 기업 간 차이는 바로 이 기본기의 차이에서 나온다. 즉 경영자의 사고방식의 차이가 곧 기업경쟁력의 차이로 직결되는 것이다. 비록 사람에 따라 질적 차이는 있겠지만, 기업의 최고경영자든, 정치·경제·사회 각 분야의 리더든, 모든 경영 고수에게는 기본적으로 보편적인 공통된 사고 유형이 있다. 이것이 바로 경영의 기본기다. 이 기본기를 전 조직원이 함께 공유하는 조직이 강한 조직이다.

경영의 기본기를 갖추기 위해서는, 미국의 톰 피터스가 이야기했던 것처럼 초우량 기업의 경영 방식을 벤치마킹해서 배워야 한다. 경영 방식의 벤치마킹은 특히 소프트웨어 측면이 중요하다. 선진 기업, 선진 경영자의 철학, 사고방식, 문화 등을 배워야 한다.

한마디로 말해, 변화의 물살에 휩쓸리지 않고 살아남아 성공한 경영자가 되려면 우선 조직의 사고방식을 바꾸어야 하고, 전 조직원의 언어와 인식을 전환시켜야 한다. 그러지 않고 조직의 외양, 즉 하드웨어 중심으로 벤치마킹을 하면 실패한다. 우리나라 기업들이 초우량 기업의 벤치마킹에 실패하는 이유도 대개는 하드웨어만 따라하기 때문이다.

경영자를 비롯한 조직 구성원들이 오늘날과 같은 시대에 해야 할 일은 자명하다. 지금 우리는 고통스러운 출혈을 감수하더라도 변화하겠다는 결단을 내려야 한다. 그런 변화를 위해 필요한 것이 입체적인 상황 판단력과 대응력이다. 그런 의미에서 쥐의 예지력과 기민한 대응력은 위기 시대에 필요한 가장 중요한 경영 기본기라 할 수 있다. 그런 기본기만 확실하다면 지금 우리를 덮쳐오는 이 위기 속에서도 훌륭한 돌파구를 마련할 수 있을 것이다.

이병철 회장의 "이야기해봐라" 문답법과 KT법

이병철 회장이 계열사 사장들을 호출하면 첫마디가 돌연 "이야기해 봐라"였다. 상황이 어떤지를 묻는 것이었다. 이야기를 하면 "왜 그런 가?", "어떻게 할 것인가?"라고 또 질문했다. 다 듣고서는 이번에는 "그것만 하면 다 되냐?"라고 물었다.

이 회장이 이렇게 질문한 취지는 경영자라면 상황 분석을 올바로 해서 가장 중요하고 시급한 핵심과제를 적어도 3개 정도는 항상 파악하고 있어야 하고, 이를 해결할 비전과 전략을 설정하고 있어야 한다는 것이다.

이병철 회장의 질문법에는 사태를 인식하고, 해결책을 찾아가는 과정에 필수적인 사고의 전개 과정이 담겨 있다.

KT법이라는 것이 있다. 미국의 케프너(Charles H. Kepner)와 트리고 (Benjamin B. Tregoe)가 1958년에 전파한, 고안자 성의 머리글자를 딴 혁신적 사고 기법이다. KT법은 상황 분석(SA; Situation Analysis), 문제 분석(PA; Problem Analysis), 결정 분석(DA; Decision Analysis), 잠재적 문제 분석(PPA; Potential Problem Analysis)의 4단계로 사고 순서를 체계화한 것이다.

SA(상황 분석) 과정의 주제는 '무슨 일이 일어나고 있는가=과제는 무 엇인가'이다. PA(문제 분석)는 '왜 그렇게 되었나=원인이 무엇인가'

가 주제이다. 다음으로 DA(결정 분석)는 '어떤 조치를 취해야 하는가 =최적안이 무엇인가'를 생각하는 과정이고, PPA(잠재문제 분석)는 '앞으로 어떤 일이 일어날 것이며 그때 어떻게 하면 좋은가=실행상 리스크는 무엇이며 어떻게 대응해야 하는가'를 다룬다. 트리고 박사는 "인류가 등장한 이후 이 4가지 기본적인 사고 패턴은 본질적으로 변하지 않았다. 이 패턴은 어떤 상황에도 보편적으로 적용할 수 있다"고 강조했다.

경영자는 이런 질문을 자신뿐 아니라 부하 사원들에게도 던져야 한다. 상황을 파악하여 위기의 실체를 인식하고 문제와 원인을 분석하여 근본 대책을 세운 후 성공에 도달할 수 있도록 대책에 따른 실패를 예방해야 한다.

사실 뛰어난 CEO들은 이 이론의 도움 없이도 이미 오래 전부터 KT법에 따른 사고 순서로 문제를 풀어왔다. 이병철 회장의 "얘기해봐라" 문답법도 일견 선문답 같지만 대화 흐름을 따라가 보면 KT법과 거의 비슷하다. "어떻게 돌아가고 있나"가 상황 분석이다. "뭐가 문제인가"라는 질문이 문제 분석이며, "어떻게 풀 것인가"는 결정 분석에 해당한다. 특히 "그것만 하면 다 되냐"는 물음이 아주 중요하다. 놓치고 있는 것은 없는지를 체크하는 과정이니 이것이 바로 잠재문제 분석에 해당한다.

KT법은 지금까지 많은 기업에서 활용해왔다. 삼성은 1986년 KT법을 삼성의 경영 상황에 맞게 수정·보완하여 '합리적 사고방식

(EMTP)'이라는 교육 과정을 만들었다. 이를 신임 초급 간부에게 줄곧 교육했다. 오늘날 삼성이 이렇게 성장할 수 있었던 배경에는 삼성 경영자 대부분이 이러한 EMTP의 바탕 위에서 자연스럽게 경영 고수의 보편적 사고방식을 몸에 익히게 되었기 때문이라고 해도 지나치지 않다.

이병철 회장이 지금 "얘기해봐라"라고 말을 꺼낸다면, 자신이 몸담은 기업의 문제에 대해 막힘 없이 대답할 자신이 있는가? 만약 그렇다면 당신은 지금 이 책을 덮어도 될 것이다.

위기 극복의 시작, 끊임없이 문제를 되새김질하라

소는 위가 4개나 된다. 처음 먹은 먹이는 대충 씹어 첫 번째 위로 보낸다. 첫 번째 위에서는 먹이를 섞어 두 번째 위로 보낸다. 여기서 어느 정도 부드럽게 삭인 뒤 다시 끌어올려 침을 섞어 되새김질을 한다. 그리고 그 먹이를 세 번째, 네 번째 위로 보낸다. 소는 꼴을 먹는 시간만큼이나 오래 되새김질을 한다. 그래야 그 많은 먹이를 제대로 소화할 수 있기 때문이다.

기업 경영에서 문제의 원인을 파악하는 과정도 이와 같아야 한다. 우보천리(牛步千里)라고 했다. 느린 소가 묵묵히 천리를 가듯 늦더라도 묵직하게, 잔꾀 부리지 말고 진득하게 접근해야 한다. 하나의 문제를 발견했을 때 그것만 제거하면 정말로 완벽해질 수 있는지 자문하며 끊임없이 문제의 참 원인을 찾아야 한다. 적절한 수준에서 안이하게 끝내면 안 된다. 인내를 갖고 핵심에 접근해야 한다. 근본적인 원인 규명과 문제 해결의 노력은 부단히 계속되어야 한다.

집요하고 완벽하게
문제에 접근하라

〈K 보고서〉와 근본문제에 대한 접근법

삼성 신경영 선언이 있기 직전인 1993년 6월 4일 독일 프랑크푸르트로 가는 비행기 안에서 이건희 회장이 서류 뭉치 하나를 내게 건넸다.

"이거 한번 돌려가며 읽고 왜 이런 일이 반복되는지 근본 원인을 풀어보세요."

이른바 〈K 보고서〉였다. K는 1978년부터 삼성전자 오디오 설계실에서 일한 일본인 고문이다.

"직원들에게 드라이버, 부품, 측정기 등을 쓰고 제자리에 놓으라고 지난 10여 년간 줄기차게 얘기했지만 아직도 변함이 없다. 공구를 찾는 데 몇 시간이 걸리고 측정기가 고장 나도 아무도 고치지 않는다. 이제 내 한계를 넘어섰다."

이것이 〈K 보고서〉의 요지였다. 비행기에 탄 동행들과 이 보고서를 함께 읽고 토론하여 나름의 분석 결과를 내놓았다.

"처벌 규정이 약하기 때문이다."

"책임의식이 없기 때문이다."

갖가지 대답이 나왔지만 이 회장은 그때마다 고개를 가로저었다. 비행 시간 동안 몇 번이나 새로운 답을 내놓아도 이 회장은 "아니야"라고만 했다. 프랑크푸르트에 도착하고 여장을 푼 뒤에야 이 회장은 자신의 생각을 밝혔다.

"자기 자신을 사랑하지 않기 때문이야."

일을 신속하게 잘 처리하려면 공구를 제자리에 잘 챙겨두는 게 매우 중요하다. 다른 사람이 자신을 위해 그렇게 해주기를 바라거든 남을 먼저 존중해야 한다. 그렇지 않다면 그것은 결국 자신을 사랑하지 않는 것이라는 게 이 회장의 설명이었다. 머리를 한 대 얻어맞은 느낌이었다.

그런 일이 10년째 벌어지는데도 고치지 못한 근본 원인을 이 회장은 간파하고 있었다. 여기서 '간파'라는 표현은 그 원인 파악이 해결책을 내놓는 결과로 이어졌다는 뜻이다. 왜 정리를 하지 않느냐고 잔소리를 하거나, 정리하지 않는 사람에게 벌금을 물리는 것으로는 사태를 뿌리까지 해결하지 못한다. 해결의 열쇠는 그런 게 아니라, 정리에 임하는 사람들의 마음가짐을 바꾸고 문화를 바꾸는 것이라는 얘기다.

이처럼 무엇을 하든 사태의 근본을 파악하는 일이 중요하다. 근본 원인을 찾고 궁극의 목적을 따져봐야 해결책도 정확히 찾을 수 있다. 근본을 파악하기 위해서는 상식적인 수준에서 사고해서는 안 된다.

내가 삼성전기에 근무하던 무렵의 이야기다. 정밀 모터의 축(Spin)을 삽입하는데 축은 위아래가 비슷하여 일반인은 오른쪽 왼쪽 방향을 구분하기가 어렵다. 따라서 축 삽입 작업은 축이 담긴 박스가 제조사로부터 들어오면 박스에 담긴 채로 자동 삽입기가 하나씩 축을 꺼내 끼워 넣는 방식으로 전 과정이 자동화되어 있다. 그렇기 때문에 축 삽입이 잘못될 리가 없다. 그러나 실제로 모터를 출하해보면, 가끔 축 방향이 바뀐 불량품이 나온다.

문제를 제대로 찾으려면 고객에게 가봐야 한다. 최소한 출하장에라도 가봐야 한다. 가전제품 제조사라면 A/S센터에 가봐야 한다. A/S센터에 가서 문제를 찾다 보면 제조 및 출하 담당자들이 관심을 갖는다. 이처럼 최종 고객부터 시작해서 거꾸로 탐색해나가야 문제를 제대로 찾아낼 수 있다. 당시 삼성전기에서도 불량 원인을 밝혀내기 위해 불량이 발생한 제품의 생산 공정을 조사함으로써 문제 해결의 단초를 찾을 수 있었다.

먼저 축 삽입 공정을 조사했다. 축이 공급자로부터 제대로 공급되고 있는지, 작업자가 실수할 가능성은 없는지 조사해보니 공급된 박스째 작업대에 올려놓으면 자동 삽입기가 작업하기 때문에 축 삽입 과정에서 잘못될 가능성이 없었다. 그렇다면 애초에 공급된 부품이 박스 안에 잘못 삽입되어 있었다는 결론이 나온다. 부품업체에서 올바르게 정렬된 축을 판매했다고 가정한다면, 운반할 때 잘못되었으리라고 추측할 수 있었다.

우리는 다시금 문제의 원인을 집요하게 파고들어보았다. 운반자에게 조사해본 결과, 축 박스가 완전히 포장되어 있으므로 떨어뜨려도 정렬이 흐트러질 리가 없다는 것이었다. 그런데 수입검사실에서 검사한 제품을 가져올 경우에는 포장이 해체된 것이 있다는 사실을 알아냈다. 좀 더 조사해보니 수입검사실의 검사관은 축 방향의 중요성에 대해 알지 못한 채 샘플 검사를 한 후 아무렇게나 박스에 집어넣었다. 문제의 원인은 바로 그것이었다.

이런 과정을 통해 문제의 근본 원인을 찾아낸 삼성전기에서는 다음과 같은 몇 가지 대응 방안을 도출해냈다. 첫째, 수입검사관에게 축 정렬에 대해 주의를 시켰다. 둘째, 운반자에게 포장이 해체된 물건의 경우 공장에 통보하라고 지시했다. 셋째, 작업자에게 포장이 뜯겨진 것은 반드시 검사 후 작업대에 올려놓을 것을 규칙으로 정하도록 했다. 문제의 근본 원인을 찾아들어가면 결국 문제를 해결할 수 있다. 하지만 그 전에는 불량품이 간헐적으로만 나왔기 때문에 아무도 별 신경을 쓰지 않았고, 문제를 해결할 생각도 하지 않았던 것이다.

해답은 등잔 밑에 있다

기업들은 경영에 어려움을 겪을 때면 전문 컨설팅 기관에 컨설팅을 의뢰하곤 한다. 그들이 가져온 결론을 보고 직원들은 "이미 우리가 다 알고 있던 것 아니냐"고 말한다. 때로는 그런 이유로 컨설팅 결과를 무시하기도 한다. 이런 평가는 틀린 것이 아니다. 컨설팅 기관들도 해법을 찾아내는 과정에서 해당 기업의 구성원들 인터뷰를 매우 중시한다. 그런데도 기업들이 굳이 비싼 돈을 들여 외부 전문 기관의 컨설팅을 받는 까닭은 무엇일까? 그것은 조직 내의 사람들은 '문제'를 '문제'로 인식하지 못하기 때문이다. 사실 컨설팅을 백번 받는다고 해도, 문제를 문제로 인식하지 못한다면 소용이 없다.

우리는 자주 누군가가 획기적인 아이디어를 던져주기를 기대한다. 그러나 사태를 정확히 인식할 수만 있다면 해답을 찾기란 그리 어렵지 않다. 그렇다면 사태를 가장 정확히 파악할 수 있는 사람은 과연 누구일까? 그 누구보다 그 조직 내의 사람들이다.

장사가 잘 안 되는 설렁탕 전문 식당이 있다고 하자. 이웃 식당은 손님이 많은데 우리 식당에는 왜 손님이 적을까 하고 전 직원이 문제점에 대해 논의하다 보면 직원 각자가 여러 가지 이야기를 할 것이다. 맛이 없다, 실내 디자인이 좋지 않다, 입구가 좁다, 종업원의 남녀 구성비에 문제가 있다 등 다양한 의견이 나올 것이다. 여러 사람의 생각을 인식하고 이 가운데에서 진짜 원인을 찾아내고 어떻게 바꿀 것인지 풀어나가면 된다. 주인 혼자서 고민하는 것보다 훨씬 낫다. 참여의 통로가 막히면, 장사가 잘 안 될 때에도 직원들은 문제점을 찾으려 하지도, 개선하려 하지도 않는다. 대신 이직을 고민한다.

사원들은 술자리에서는 이구동성으로 우리 회사 우리 조직은 문제가 많다고 이야기한다. 그런데 정작 이 모든 것은 불평불만으로 그치고 만다. 문제를 인식해 불평불만으로 표출하고는, 그것으로 끝이다. 그런 불평을, "내가 한번 해결해보겠다", "우리 함께 해결해보자"는 목소리로 바꾸는 것, 그것이 최고경영자의 몫이요, 능력이다.

그럼 최고경영자는 어떻게 문제의 원인을 그 뿌리까지 파고들 수 있을까? 최고경영자는 회사의 문제점을 임원들을 통해 다 들을 수 있으리라고 안심하면 안 된다. CEO는 더 밑으로 내려가, 현장 실무자에게 이야기를 들어봐야 한다.

예를 들어 제품의 품질 문제를 확인하려면 현장의 맨 마지막 출하 라인에 가봐야 한다. 출하 검사는 생산 초기 시점부터 쌓인 모든 문제가 드러나는 곳이기 때문이다. 여기서 정보를 파악해 거꾸로 올라가면서 확인하는 것이 좋다. 모든 데이터는 현장에 있으므로 출하 라인에서부터 거슬러 가야 하는 것이다. 그 누구보다 현장 근로자가 문제를 가장 잘 안다.

구매에 관한 문제점을 파악하고 싶다면 품질뿐만이 아니라 그 제품을 납품하는 업체까지 찾아가 납품 담당자를 만나볼 필요가 있다. 그러면 회사 내에서 회의 시간에 듣던 것과는 다른 문제점을 들을 수 있다. 제품에 대한 시장 반응을 살펴보는 것도 마찬가지다. 백화점 등에 가서 우리 상품이 어떻게 진열되어 있는지, 그 상황을 어떻게 봐야 할지 등 상황 자체를 그대로 인식하는 능력을 키워야 한다. 물론 그러기에는 시간이 부족하다. 그렇기 때문에 최고경영자의 판단에 도움을 줄 수 있는, 허심탄회하게 얘기할 수 있는 사람도 만들어두어야 한다.

하지만 그 채널에도 문제는 있을 수 있다. 도쿄대에 전해져오는 유명한 일화가 하나 있다. 의술이 뛰어난 교수가 고별 강연을 했다. 교수는 그 강연에서 "나의 오진율은 지금까지 50%였다"고 말했다. 그는 또 "내가 지금까지 의술을 펼치고 성공적인 삶을 살 수 있었던 것은 스승의 충고 때문이었다. 그것은 '당신이 얻는 모든 정보에 대해 의구심을 갖고 50%만 믿으라'는 것이었다"고 했다. 따라서 중요한 문제일수록 더 많은 채널을 확보해두고 크로스 체크를 하는 방식으로 해결해야 한다. 잘못된 정보를 최대한 걸러내야 하는 것이다.

아울러 무엇보다 중요한 일은 기업 내의 언로(言路), 즉 말과 생각의 통로를 자유로이 열어둬야 한다는 것이다. 의사소통의 중요성은 여기서도 여지없이 관철된다. 언맥이 뚫려 있어야 숨은 문제들이 관 뚜껑을 열고 나오듯 문제 해결의 눈부신 빛을 쬘 수 있다. 그러나 이런 분위기를 만들었다고 해서 거기에 그쳐서도 안 된다. 최고경영자는 직원들이 정직하게 이야기한다고 하더라도, 실은 하고 싶은 이야기의 절반도 채 하지 않는다고 생각할 필요가 있다. 그래야 직원들이 느끼는 갖가지 문제점의 저변으로까지 촉수를 확대할 수 있다.

둑은 구멍 하나에 무너진다

영국에서도 가장 오래된, 233년의 역사를 가진 베어링스 은행이 1995년에 파산해 단 1파운드만 받고 ING 그룹에 팔려나간 사건이 있었다. 하루아침에 그 거대은행이 몰락한 내막은 이렇다. 싱가포르 지사에서 파생상품 거래를 담당하던 26세의 직원 닉 리슨이 은행 총수익의 10%나 되는 1000만 파운드의 돈을 빌려 선물거래를 하다가 손실이 쌓여가는데도 계속해서 이 사실을 감추었다. 닉 리슨은 숨겨놓은 손실을 만회하기 위해 도박 같은 거래를 일삼고, 한두 번은 성공하는 모습을 보여주며 본사로부터 거액을 송금 받았다. 그 돈으로 시장 흐름과는 정반대로 투자를 하다 무려 8억 6000만 파운드의 손실을 입었다. 이 돈은 베어링스 은행 자본금의 1.2배나 되는 금액이었다. 세계적인 은행에서 어떻게 그런 일이 벌어질 수 있는지, 많은 사람이 의아해했다. 따지고 보면 베어링스 은행의 파산 원인은 젊은 직원이 작은 손실을 계속 감춘 데서 비롯된 것이다. 회사가 결산만 제때 직접 챙겼더라도 문제가 그토록 커지지는 않았을 텐데 회사는 그저 거래 직원에게만 결산을 맡겨두고 있었다. 그러니 지점에서 어떤 일이 벌어지고 있는지 파악할 수 없었던 건 당연하다. 대부분의 은행들이 이런 문제점을 차단하기 위해 거래와 결산을 분리하고 있는데도, 이런 사소한 기본 법칙을 무시한 베어링스 은행은 결국 통째로 다른 회사로 넘어가고 말았다.

베어링스는 금융기업이어서 그런 거라고, 제조업은 다르다고 생각할지 모른다. 전혀 그렇지 않다. 사소한 한 가지 문제를 방치했다가 그것이 큰 화가 되는 경우는 너무나 자주 있다. 특히 정보의 확산 속도가 지독히 빨라진 요즈음에는 더더욱 그러하다.

1997년 한 수학 교수가 인텔의 팬티엄 칩에서 작은 결함을 찾아냈다. 그는 칩 제작에 쓰이는 수학 함수 계산 결과가 항상 정확하지는 않다는 것을 발견했다. 이 이야기가 점차 퍼지다가 급기야 언론에도 보도되었다. 인텔은 이런 결함 때문에 곤란을 당할 고객은 극소수에 불과할 것이라며 큰 문제는 없다는 태도를 보였다. 그러나 그것은 인텔의 착각이었다. 이 문제를 토론하는 온라인 커뮤니티들이 생겨났고 인텔의

주가는 급락했다. 급기야 IBM이 인텔 칩을 쓰지 않겠다고 언론에 발표했다. 인텔은 뒤늦게 칩 교체를 시행했지만, 사소한 문제를 방치한 결과 더 큰 비용을 치러야 했다.

1991년 발생한 낙동강 페놀 오염 사건은 훗날 '해방 이후 최대 환경 사건'으로 기록될 정도로 엄청난 파장을 몰고 왔다. 페놀 유출은 두산전자의 고의가 아니라, 파이프 파열로 인한 사고였다. 그러나 두산 쪽의 잘못된 대처로 국민의 원성이 높아졌고 결국 두산그룹 회장이 경영에서 물러나는 결과를 초래했다. 두산의 맥주 시장 점유율까지 하락했다.

삼성전자 중국 법인에서는 한 A/S센터 직원의 불친절한 언동이 중국 소비자들 사이에 입소문을 타고 퍼져 한동안 삼성전자가 중국 시장에서 고전을 면치 못한 적이 있다. 사소한 문제라고 대충 넘어가서는 안 된다. 둑을 무너뜨리는 것은 애초 작은 구멍이다. 눈에 보이지 않는 그 구멍을 찾아내는 일이 바로 소의 되새김질처럼 집요한 탐사 작업이다.

목적이 분명해야 문제를 보는 눈이 달라진다

일본의 베스트셀러로 국내에도 소개된 책 중에 일본경영(JEMCO)의 사토 사장이 쓴 《원점에 서다》라는 책이 있다. 사토 사장이 이 책에서 강조하는 것은 우리의 모든 행동, 기업 단위의 모든 활동에서 늘 그 목적을 분명히 하라는 것이다. "모든 사람이 어떠한 일을 시작할 때는 분명한 목적을 갖고 시작하는데, 일을 하다 보면 목적을 잃어버리는 경우가 많다"는 것이다.

우리는 자기도 모르는 사이에 목적에서 벗어나 현재 하고 있는 작업이나 활동의 개선에만 급급해지는 경우가 많다. 하지만 문제의 근본 원인에 집중하다 보면 그 작업이나 활동의 진짜 목적을 찾아내는 일이 가능해진다.

사토 사장이 어느 자동차 공장을 방문했을 때의 일이다. 두 사람이 연료 탱크를 들고 왔다. 크고 작은 2개의 연료 탱크를 비교해보니 작은 것은 1톤 차량 이하에 쓰이는 20리터 들이였으며 큰 것은 400리터로 대형차용이었다. 그런데 이상한 점이 있었다. 이 2개의 연료 탱크에는 각각 마개가 있는데 가만히 보니 그 크기가 달랐다. 큰 연료 탱크에 달려 있는 마개는 두 손을 쓰지 않고는 도저히 열 수 없을 정도로 커다란 마개였다. 그럴 필요가 있을까 하는 생각이 들었다.

사토 사장은 담당 부장에게 일부러 비아냥거리는 말투로 이렇게 물어봤다. "대형 트럭의 운전기사는 주유소에 가서 '이거 봐요. 이렇게 큰 트럭에 그렇게 가느다란 호스로 연료를 넣다가는 시간만 많이 걸리지 않소. 저 청소차에서 쓰는 진공흡입 호스 같은 굵은 호스로 연료를 넣어주시오'라고 말합니까?"

그러자 이런 대답이 돌아왔다. "원 참, 선생님도……. 그럴 리야 있겠습니까. 대형차든 소형차든 가솔린을 넣는 주유 호스의 굵기는 모두 마찬가지랍니다."

사토 사장은 다시 물었다. "그렇다면 어째서 이 대형 연료 탱크에도 작은 연료 탱크와 똑같은 크기의 마개를 쓰지 않았습니까. 큰 연료 탱크의 마개를 크게 만든 목적은 도대체 무엇입니까." 이 질문에 그 부장은 "아, 참, 그도 그렇군!" 하고 탄성을 질렀다.

그는 마개의 목적이 무엇인지 전혀 모르고 있었던 것이다. 일반적으로 트럭의 출고 가격이 비싼 것은 승용차처럼 대량 생산을 할 수 없어서 원가가 비싸지기 때문이다. 그러나 이 연료 탱크의 마개 하나만 하더라도 소형 트럭에서 대형 트럭까지 모두 합치면 엄청난 수량이 될 것이며 만약 목적에 맞게 모두 동일한 규격품으로 바꾸면 1개당 마개의 원가는 상당히 낮출 수 있을 것이다. 이 트럭은 연료 탱크 마개가 너무 작으니까 사지 말자고 말할 사람은 아무도 없을 게 아닌가.

위기 극복도 마찬가지다. 목적과 목표가 분명한 사람과 그렇지 않은 사람은 문제를 바라보는 시선도, 해결을 위한 발상도 다르다. 목표가 없는 사람은 당장의 것만 보지만, 목표가 있는 사람은 그것을 기준으로 현상을 본다. 따라서 그들은 남들이 보지 못하는 것까지 보게 된다. 그런데 인간이란 자기도 모르는 사이에 목적과 목표를 잊어버리기 일쑤다. 그래서 단순한 개량, 개선에만 급급하게 된다.

대기업에 부품을 납품하는 중소기업들은 원청업체의 납품가격 인하 요구가 늘 걱정이다. 그래서 어떻게든 납품가격을 덜 낮춰보려고 갖은 애를 쓴다. 원청업체에 통사정도 해보고 정치권에 하소연도 한다. 그러나 그것은 다른 경쟁자가 없을 때나 통하는 방법이다. 만약 국내외 다른 경쟁자가 더 낮은 가격에 부품을 납품할 수 있다면 어쩔 것인가? 목표가 있는 하청업체라면 20% 납품단가 인하를 요구할 때 30%의 생산성 혁신에 매달릴 것이다.

근본 문제에 대한 해결책은 착상, 발상, 구상의 사고 단계에서 상상력을 동원하는 것이다. 때로는 상식도 깨야 한다. 삼성 신경영이 한창일 때였다. 내의를 거꾸로 입고 다니는 사람이 있었다. 보통은 아무도 내의를 거꾸로 입지 않는다. 그런데 사실 내복이란 게 바느질한 재봉선이 몸에 닿게 되어 있다. 오히려 뒤집어 입으면 매끌매끌한 면이 살에 닿으니

그게 더 좋지 않겠는가? 그가 내의를 뒤집어 입고 다니는 이
유였다. 내의는 다른 사람에게 보여줄 필요가 없는 옷이다.
그런데 왜 우리는 살갗에 재봉선이 닿아 꺼칠꺼칠한 느낌을
주는 내의를 만들고, 또 입고 있는 것일까?

목적과 목표를 분명히 하고 이를 통해 문제의 근본 원인을
찾아냈다면 내의를 뒤집어 입는 파격적인 해결책도 가능해
진다. 수십 년간 존속했지만 목적에 부합하지 않는 조직의
통폐합도 가능해진다. 심지어 일부 생산 공정의 폐쇄나 감축
마저도 가능해진다. 과거 같으면 상상도 할 수 없는 파격이
지만 바로 그 파격 속에서 위기 극복의 힘이 도출된다.

찾고, 찾고, 또 찾는다

근본 원인을 파악할 때는 토론이 중요하다. 여러 사람이
토론을 하다 보면 관점의 차이가 나타나는데, 그 관점의 차
이가 곧 견해의 차이를 낳는다. 서로의 견해가 발산 · 숙성 ·
수렴 과정을 거듭하다 보면 근본 원인에 근접할 기회를 선물
로 받는다. 이때 논의되는 문제들은 대개 과거에 이미 제기
된 적이 있는 것들, 즉 재발된 문제들이다. 왜 자꾸 동일한
문제들이 반복해서 발생하는 것일까? 그것은 바로 근본 원

인을 제대로 다스리지 못했기 때문이다.

우리 역사 속에도 이런 발본색원의 경험과 교훈을 전하는 사례가 있다. 우리 역사에서 가장 위대한 군주로 꼽히는 세종대왕의 혁신 경험이 그것이다. 세종은 조세 제도를 고치는 데 무려 17년이란 세월을 쏟았다. 당시 조세 제도는 중앙에서 파견한 조사관이 풍흉의 정도를 보고 세액을 매기는 손실답험법이었다. 이런 조세 제도는 하급 관리들의 농간이 개입할 여지가 컸고, 뇌물을 받은 조사관들이 세액을 낮게 책정해 중앙 정부의 세수에 부담을 주고 있었다. 이런 문제를 털어내기 위해서는 객관적 기준을 정해놓고 일정한 세금을 매기는 식으로 제도를 개선할 필요가 있었다. 그런데 왜 이 제도 하나를 고치는 데 17년이란 세월이 필요했을까?

조세 개혁에 대해 세종의 위기의식을 느낀 까닭은 좌의정과 영의정 등 대부분의 신하가 조세 개혁의 필요성을 제대로 인식하지 못했기 때문이다. 더 나아가 권력자인 그들은 잘못된 조세 제도로 특혜를 보고 있었으므로 누구도 앞서서 개선하려고 하지 않았다. 자연재해 등으로 발생된 손실을 평가하는 조사관들은 권력자의 토지에 대해서는 손실을 과대 보고하여 세금을 더 감해주고, 힘없는 백성들의 피해는 과소평가하여 제대로 보상해주지 않았다. 권력자들은 문제를 덮어두고자 했고, 힘없는 백성들은 뇌물을 써서라도 구제받으려 하는 폐단이 극심했던 것이다.

  아예 조세 개혁이 필요 없다고 주장하는 이도 있었다. 왜냐하면 흉년과 풍년에 이뤄지는 조사 내용은 결국 신하를 통해 왕에게 보고될 수밖에 없었기 때문이다. 즉 흉년이었다 하더라도 신하가 조사하는 중에 접대를 받는 등 부적절한 이득을 취할 수 있었다. 백성의 진솔한 사정이 왕에게 닿지 못하도록 중간에서 뭔가가 가로막고 있었던 것이다.

  이에 대한 세종의 처방은 발본색원이라는 이름에 부합하는 것이었다. 그는 고위 관료부터 백성에 이르기까지 17만 명을 대상으로 새로운 조세 제도 실시 여부에 대한 여론 조사를 실시했다. 조사 결과는 찬성이 높은 것으로 나타났지만, 세종대왕은 시행을 보류했다. EMTP(합리적 경영 사고 기법 : 문제 해결, 의사결정) 측면에서 보자면, 잠재적 문제 분석을 위한 것이었다. 세종대왕은 여론 조사 결과를 놓고 찬성하는 이유와 반대하는 이유를 조사해 보고하도록 했다. 땅이 척박한 지역의 반대 여론에 대한 대안으로, 토지의 비옥도에 따라 세금을 달리 하도록 제도를 보완했다. 또 풍년일 때와 흉년일 때 세금을 다르게 적용하는 보완책도 만들었다. 반대론자들도 찬성하고 수용할 수 있도록 보완한 뒤, 최종적으로 새 제도를 시행하도록 한 것이다.

물론 오늘날의 기준으로 보면 제도 하나를 고치는 데 든 17년이란 세월이 너무 길게 느껴질 수 있다. 그러나 그것이 500년 왕조의 기틀을 세우는 중차대한 일이었다는 점, 지금보다 변화의 속도가 느린 시대에 이뤄진 개혁이었다는 점을 감안해야 한다. 이 사례에서 알 수 있듯이, 한 가지 목표를 달성하기 위해 그것이 잘 안 되는 원인을 찾고 또 찾고 내려가다 보면 반드시 혜안을 얻게 되며 그에 따라 가장 완성도 높은 혁신이 이뤄질 수 있다.

세종이 광범위한 여론 조사와 신하들과의 오랜 토론에 심혈을 기울인 것은 무엇 때문일까? 당연히 문제의 근본 원인을 찾아내고 그에 부합하는 해결책을 찾아내기 위해서였다. 기업 역시 마찬가지다. 문제가 발생하면 그 문제를 오픈하여 모두의 역량을 한데 모아 해결해나가는 것이 바람직하다. 문제의 원인을 정확히 진단한다면 해답을 찾기란 그리 어렵지 않다. 회사 내 모든 조직이 문제의 원인을 함께 인식하고 해결하고자 하면 해결할 수 없는 문제가 무엇이겠는가?

불가에서는 수련을 하다 깨달음을 얻으면 귀에 황소울음이 들린다고 한다. 개인이나 기업이나 할 것 없이 문제가 닥쳤을 때는 소처럼 그 원인을 곱씹고 또 곱씹어야 한다. 그래야 진짜 원인을 찾고 과학적인 해결 방도를 마련할 수 있다. 표면적으로 드러난 현상만을 보고 일을 도모한다면 위기의 거품을 더욱 키우는 부작용을 낳을 뿐이다. 삼성의 이건희 회장이 다섯 번이나 "왜?"라는 질문을 스스로에게 던지며 근본 원인을 찾았던 까닭이 바로 여기에 있다.

중소기업 CEO가 어려움을 겪는 이유 – 직원들의 문제의식을 키워라

나는 남들보다 조금 먼저 기업의 혁신 문제를 고민하고 실천한 덕분에 '혁신 전도사'라는 분에 넘치는 별명을 얻었다. 그런 까닭에 이런저런 이유로 중소기업 CEO들을 만날 기회가 많다. 그런데 그들과 이야기를 나눠보면 대부분 비슷한 고충을 토로한다. 위기의식은 CEO 자신이나 몇몇 사람만의 전유물이고, 그 외의 직원들은 관심조차 없다는 것이다. 그러나 문제를 곰곰 파고들다 보면 의외로 CEO 자신이 이러한 사태의 원인 제공자인 경우가 많다.

중소기업 CEO들 가운데는 기술자 출신이 많다. 그들은 자기 이상의 실력을 지닌 기술자는 없다는 식의 자만심이 강하다. 자기 경험에 의해 "이렇게 해야 돼"라고 못을 박으니 조직의 상상력은 제약을 받고 그 결과 발전도 지체된다. CEO는 절대로 너무 급하게 움직여서는 안 된다. CEO가 성격이 급하면 종업원 스스로 문제를 발굴하고 답을 얻을 때까지 기다리지 않고, 먼저 답을 주어버린다. 작은 기업일수록 이런 일이 더 흔한데, 이렇게 되면 조직의 문제 해결 능력은 점점 죽어버릴 수밖에 없다. 부하 직원들은 시키는 대로만 하게 된다. 사원이 문제를 이야기하고 CEO가 답을 주는 식의 조직 문화는 바람직하지 않다. 문제를 발굴할 때까지, 해결책을 궁리할 때까지 CEO는 더 기다려줄 필요가 있다.

서울대 황농문 교수는 《몰입》이라는 자신의 책에서 라즐로 라츠라는 인물을 소개한다. 라츠는 헝가리의 고등학교 교사로서 그의 제자들 중에는 나중에 뛰어난 과학자가 된 경우가 많다. 1963년 노벨 물리학상을 수상한 유진 위그너, 컴퓨터 이론을 최초로 탄생시킨 폰 노이만, 원자폭탄과 수소폭탄의 아버지라 불리는 레오 실라르드와 에드워드 랄츠, 전설적인 수학자 폴 에어디시가 모두 그의 제자들이다.

라츠의 남다른 교육 방식을 집약하면 첫째, 아이들의 재능을 믿고 배려하고, 둘째로는 특별한 과제를 주어 다른 아이들보다 더 훈련을 시키는 것이었다. 이런 훈련법의 일환으로 그는 교내에서 발간되는 수학 잡지에 매달 수준 높은 문제를 출제하여 제자들의 몰입을 유도했다.

어찌 보면 별다를 것 없는 이 교육 방법이 엄청난 결과를 만들어낸 이유는 무얼까? 위그너는 라츠에 대해 이렇게 말한다. "라츠 선생님만큼 학생들에게 문제의식을 일깨워준 분은 없을 겁니다." 결국 그는 답을 주기보다는 학생의 잠재력을 믿고 문제 해결에 몰두할 수 있는 최적의 조건을 제공함으로써 위대한 제자들을 길러낼 수 있었던 것이다.

나는 노사 담당자로 일하다가 제조 부문까지 터득해 사장이 된 입지전적인 인물을 알고 있다. 그는 전 세계를 돌아다니며 현장 경영을 한다. 본사가 있는 일본에 머물 때는 미팅이 없는 틈을 타 공장을 돌아다닌다. 하루에도 7번을 돈다. 그렇게 공장을 돌고 나면 누가 뭘 하고 있는지 다 알게 된다. 세세한 일까지 다 보인다. 종업원이 사소한 무엇인가를 바꾸면 칭찬을 한다. 일반적으로 회사들은 직원에게 상을 많이 준다. 그러나 누가 무슨 내용으로 상을 받았는지 정작 사장은 잘 모르는 경우가 많다. 그러나 이 사람은 직원에게 형식적인 상을 주기보다는 "지난번에 낸 그 아이디어 정말 좋았어"라고 칭찬하며 인정해준다. 칭찬도 그냥 입에 발린 칭찬이 아니라 진심을 담아 크게 칭찬한다. 직원들이 인정받고 싶어 하는 욕구를 갖고 있다는 걸 잘 알기 때문이다. 또한 그는 개선해야 할 문제를 알아낸 뒤에도 가능한 한 오래도록 지켜보기만 한다. 직접 이야기하지 않고 지켜보기만 하는 것이다. 그 다음날 또 보고 또 생각하고 계속 며칠을 그렇게 한다. 사원은 사장이 계속해서 뭔가에 집중하니 거기에 문제가 있다는 생각을 품고 스스로 골똘히 궁리하게 되고, 결국 문제의 해결책을 자발적으로 찾아낸다. 이 역시 답을 주기보다는 배려하고 문제의식을 일깨우는 방식이다. 개선은 그렇게 시작된다.

Innovation Tool

근본적인 모순 제거를 통해
혁신적 해결 방안을 찾아주는 TRIZ

달 착륙을 준비하던 미 항공우주국(NASA) 연구원들이 난관에 봉착했다. 안전한 달 착륙을 위해서는 표면 상태를 볼 수 있도록 우주 탐사선 하부에 무수히 많은 백열전구를 달아야 했다. 하지만 달 착륙 시 발생하는 충격을 견딜 만한 강한 유리와 전구를 만들어내는 게 쉽지 않았다. 그런데 구소련 과학자는 채 1시간도 걸리지 않아 이 문제를 말끔하게 해결해냈다. 우주는 진공이므로 전구에 굳이 유리를 씌우지 않아도 된다는 것이었다. 미국의 수많은 일류 과학자들이 생각지 못한 사실을 어떻게 구소련의 과학자들은 그처럼 쉽게 찾아낼 수 있었을까?

그 차이에 대한 답으로 이야기되는 것이 바로 TRIZ다. 주어진 문제의 가장 이상적인 결과를 얻어내는 데 관건이 되는 것은 근본적인 모순을 찾아내고 이를 극복하는 능력이며, 이를 가능하게 해주는 방법이 TRIZ이다. 이 방법으로 훈련받은 구소련 과학자들의 문제 해결 능력이 미국의 과학자들보다 앞섰던 것이다.

TRIZ는 구소련의 겐리흐 알트슐러(Genrich Altshuller)가 고안해냈다. 앞서 말했듯 혁신적인 문제 해결은 주어진 문제에 내재하는 근본 모순의 제거를 통해서만 얻을 수 있다는 이론이다. 알트슐러는 자신의 연구를 '창의적 문제를 해결하는 방법론(Teoriya Reshniya Izobretatelskikh Zadatch)'이라 지칭하고 각 단어 앞 글자를 따서 TRIZ라 불렀다. 그는 1946년 이후 연구를 수행해 혁신적인 기술 발전을 이룰 수 있는 사고 방법론(Thinking Methodogy) 및 표준 해법(Standard Solutions)을 얻어냈다.

TRIZ는 사물의 문제를 파악하고, 기대하는 상황을 근본적으로 정의하는 발상의 전환뿐만 아니라, 문제 해결을 위한 다양하고 체계적이며 실천적인 방법론을 제공한다. TRIZ 이론은 모든 문제는 상반된 요구를 동시에 만족시켜야 하는 모순된 상황에서 발생한다고 본다.

이를테면 비행기에 바퀴가 없으면 이착륙이 불가능하고, 바퀴가 있으면 고속 비행이 불가능하다. 창의적인 아이디어와 혁신적인 발명은 바로 이러한 모순을 극복하는 데서 탄생한다. 비행기의 경우 이착륙 시에는 바퀴를 노출하고 고속 비행 시에는 바퀴를 집어넣어 시간적으로 분리해서 생각하는 해결책이 특허를 얻었다.

1990년대 초반 소련이 무너지자 미국 기업들이 소련에서 가장 먼저 스카우트해 간 인력이 바로 TRIZ 전문가들이었다. 이런 과정을 거쳐 TRIZ가 기업 경영에 접목되기 시작했다. TRIZ는 '모순 개념', '40가지 발명 원리', '76가지 표준 해법', '창의적 문제 해결 알고리즘 (ARIZ)' 등 방대한 이론 체계로 구성돼 있다.

TRIZ는 발상의 전환과 창의적 아이디어에 목말라 있는 기업들에게 매력적인 도구였다. 인텔, 포드, 보잉, P&G, BMW, 지멘스, 필립스, 파나소닉 등 세계적인 기업들이 모두 TRIZ에 열광했다. 삼성에서는 1999년 내가 삼성종합기술원장을 맡던 시절에 전면 도입해 큰 성과를 거뒀다. 그 결정적인 계기가 2001년 DVD 픽업 개선 사례였다.

픽업은 비디오 헤드와 같은 역할을 하는 장치로 DVD 플레이어에서 DVD와 CD를 재생하는 데 사용되는 핵심 부품이다. 문제는 DVD와 CD가 서로 다른 파장의 레이저를 사용하는데, 이 둘을 단일 장치로 합치려면 고가의 부품이 필요하다는 것이었다. TRIZ 연구팀은 2개의 레이저 장치를 합치는 대신 거꾸로 레이저 감지 장치인 포토 디렉터수를 2개로 늘리는 혁신적인 해법을 제시했다. 이를 통해 얻은 원가 절감 효과만도 한 해 1000억 원에 달했다. 이후 삼성전자 역시 TRIZ 도입을 적극 추진했다. 수원 사업장의 VIP(Value Innovation Program) 센터가 확산의 진원지가 됐는데, 원래 VIP 센터는 가치혁신 전략을 실천하는 가치공학(VE: Value Engineering)이 주류였다. 그러나 TRIZ의 성과가 가시화되면서 중심축이 바뀌었다. 그만큼 TRIZ 이론의 위력이 컸다는 반증이다.

삼성뿐만 아니라 국내 다른 기업에서도 TRIZ를 도입해 놀라운 성과를 거뒀다. LG, LS, POSCO 등이 TRIZ를 도입한 대표적인 기업들이다.

호랑이

먹이를 눈앞에 둔 호랑이는 결코 물러섬이 없다

호랑이는 동물의 왕으로서 용기와 결단력의 상징이다. 호랑이는 자기 새끼를 강하게 키우기 위해 절벽에서 떨어뜨린다고 한다. 약한 새끼 호랑이가 절벽 위로 기어오르지 못해 죽음을 당할지라도 모른 체한다. 강한 새끼만을 키우겠다는 과감한 결단이다.

고양이과 동물은 뒷걸음질을 치지 않는다. 앞으로만 나아간다. 호랑이는 비록 토끼 한 마리를 잡을 때도 최선을 다한다. 목표가 정해지면 신속히 달려가 먹이 사냥을 한다. 호랑이는 혼자 다닐 뿐 무리를 지어 다니지 않는다. 결단은 고독한 일이다. 자신의 의사결정이 미치는 영향력이 클수록 의사결정은 그만큼 더 힘들어진다.

위기의 순간에 의사결정의 중요성은 아무리 강조해도 지나치지 않다. 위기를 불러일으킨 문제와 그 원인을 포착했다면, 이제 그것에 정면으로 도전해야 한다. 먹이를 눈앞에 둔 호랑이는 결코 물러섬이 없다.

쾌도난마의 결단력으로
목적을 향해 가라

기회비용 생각하기

경제학에서 '기회비용'이란 어떤 선택(A)을 함으로써 포기해야 하는 다른 선택들(B, C, D…) 가운데 가장 큰 가치를 차지하는 것을 말한다. 어느 한편을 포기함으로써 그것을 포기하지 않았다면 얻을 수 있는 이익으로 정의할 수도 있다. 예컨대 박사 학위를 받기 위해 대학에 가는 것은 대학원 과정을 마치기까지의 학비를 써야 하는 일이고, 그 기간 동안 회사에 취직해서 벌 수 있는 돈을 포기하는 일이다. 이것들이 박사 학위를 받기 위한 기회비용이다.

기회비용은 합리적 판단을 내리는 데 매우 중요한 개념이다. 그러나 보통 사람들은 이 '기회비용'을 제대로 이해하지 못한다. 집을 사두었다가 집값이 오르면 그 차액이 얼마인가만 생각하고, 집을 사느라 들어간 빚의 이자 부담이나 사고 파는 데 들어가는 비용, 세금 등은 그다지 고려하지 않는다. 그러나 기회비용을 정확히 따져야 합리적 의사결정을 할 수 있다.

1982년 존슨앤존슨 사가 판매하던 두통약 타이레놀 병에 누군가 독극물을 투입했다. 약을 사 먹은 시민들 중에 사망자도 나왔다. 전국이 발칵 뒤집혔다. 당시 존슨앤존슨 사는 언론 취재에 적극 협조하면서 2억 4000만 달러의 비용을 들여 3100만 병의 약을 재빨리 수거, 폐기했다. 사태를 수습하는 데는 엄청난 노력과 돈이 들었지만, 만약 당시 존슨앤존슨 사가 어설픈 대처를 했더라면 그보다 더 치명적인 타격을 입었을 가능성이 크다. 냉철하고 과감하게 기회비용을 생각했기 때문에 존슨앤존슨은 문제를 해결할 수 있었다.

우리나라 정보통신부가 제일 잘한 결정 가운데 하나가 이동통신에서 CDMA(코드분할 다중접속) 방식을 채택한 일이라고 나는 본다. 당시 유럽 시장을 석권한 것은 TDMA(시분할 다중접속) 방식이었다. 퀄컴에서 CDMA 방식을 내놓았을 때는 이미 TDMA의 아성이 두텁게 구축된 상태였기에 그 어디에서도 섣불리 채택을 결정하지 못하고 있었다.

그러나 당시 한국전자통신연구원(ETRI)의 양승택 원장은 뒤늦게 TDMA에 들어가봐야 기회를 잡을 수 없으리라고 판단했다. 그보다는 새로운 방식인 CDMA를 채택하는 것이 경쟁력 면에서 훨씬 낫겠다는 것이었다. CDMA에서 성공하면 세계 시장 경쟁에서 우리나라의 확고한 위치를 차지할 수 있지만, TDMA 시장은 이미 우리에게 기회가 되지 못한다는 판단 아래 전문가들을 믿고 CDMA에 개발 투자하기로 결정했다. 이때 삼성전자와 LG전자 등이 참여하여 오늘에 이른 것이다.

수많은 의사결정 중에서 CEO에게 가장 어려운 결정은 선택과 집중을 위해 무언가를 버리는 것이다. 경제학의 제1원칙은 "자원이 한정돼 있다"는 것이다. 그 자원을 가장 효율적으로 쓰는 것이 경제적 선택이다. 그러나 그런 결정이 말처럼 쉬운 것은 아니다. 사람의 사고방식이란 그런 식으로 작동하게 되어 있지 않기 때문이다.

계륵(鷄肋), 즉 '닭갈비'는 먹을 게 없다. 그러나 버리자니 아까운 것이기도 하다. 큰 손실 없이 그럭저럭 굴러가는 사업, 혹시라도 상황이 달라지면 뭔가 큰 이득을 가져다줄 가능성이 있는 사업 부문도 계륵과 같다. 많은 자원을 투입하고 있으면서도 막상 그것을 정리하는 일은 쉽지 않다. 거기에 투입할 자원을 돌려 다른 사업에 투자한다고 해보자. 버리는 것은 '현찰'이지만, 새 사업은 어음이다. 그것도 부도 가능성이 있는 어음이다. 그래서 과감하게 미래를 위한 결단을 내리지 못하고, 지지부진한 낡은 사업에 매달리기 쉬운 게 사람이다. 그러나 기회비용을 냉철히 따져 합리적인 선택을 할 줄 알아야 혁신이 이뤄진다.

자기 팔을 잘라낼 용기가 있는가?

엔지니어 출신의 탐험가 아론 랠스턴(당시 27세)은 2003년 4월 26일 미국 유타 주 블루존 협곡을 등반하다가 바위가 무너져내리는 바람에 오른 팔이 거대한 바위틈에 끼고 말았다. 온갖 방법으로 팔을 빼내려 했지만 허사였다. 랠스턴은 팔이 낀 상태로 사흘을 버텼다. 그러나 사흘 동안 그에게 구조의 희망을 안겨줄 그 누구도 협곡을 지나가지 않았다. 배낭 안에 있던 물과 빵조각도 거의 떨어졌다.

이제 자신이 살아 돌아갈 방법은 오직 하나, 스스로 팔을 자르는 것뿐이었다. 4월 29일, 그는 15달러짜리 플래시를 사면 공짜로 주는 다용도 칼로 손목 근처를 찔러보았다. 칼날이 너무 무뎌 손목을 자르는 건 거의 불가능해 보였다. 하루

뒤인 30일에는 물조차 바닥이 났다. 구조대를 좀 더 기다릴 것인가, 손목을 자르고라도 여기서 빠져나갈 것인가? 절망과 공포 속에서 번민하는 동안 또 하루가 흘렀다.

5월 1일, 그는 마침내 결심했다. 먼저 배낭에서 옷가지를 꺼내 상처를 동여맬 준비를 했다. 그런 다음 있는 힘껏 팔을 비틀어 뼈를 부러뜨렸다. 그는 이를 악물고 자신의 손목을 잘라내기 시작했다. 칼날이 무뎌 완전히 잘라내기까지는 한 시간 가까이 걸렸다. 랠스턴은 상처를 옷으로 싸매고 한 손으로 바위산을 타고 내려갔다. 피를 흘리면서 약 10킬로미터를 걸어간 끝에 그는 네덜란드인 등반객을 만날 수 있었다. 그는 구조되어 살아남았다. 잘라버린 한쪽 팔에는 의수를 달아야 했지만, 그는 여전히 탐험을 계속한다.

이것은 실제 있었던(중앙일보 2003년 5월 10일자 보도) 이야기다. 만약 우리가 랠스턴과 같은 상황에 처했다면 어땠을까? 아마 많은 사람이 "조금만 더 기다리면 누군가 나를 구조하러 올지 모른다"는 막연한 기대감에 끝까지 주저했을 것이다. 물론 그랬다면 살아남지 못했을 것이다. 하지만 랠스턴은 달랐다.

"팔을 잘라낼 힘이 남아 있을 때, 그리고 바위에서 손을 빼내고 나서도 구조받을 수 있는 곳까지 걸어갈 힘이 남았을 때 결정을 해야 했다."

랠스턴은 이렇게 회고했다.

"내가 특별히 용기 있었던 게 아니다. 살아남기 위해서는 다른 선택이 없었다."

그는 더 늦어지면 죽을 수밖에 없다는 것을 분명히 인식했고, 그래서 살 수 있는 유일한 방법을 택했다. 비록 그 자신은 용기가 아니라고 말하지만, 자기 팔을 잘라내는 일이 용기와 결단력 없이 이뤄졌을 리 없다.

의사결정을 할 때에는 많은 것을 고려해 신중하게 해야 한다. 그럴수록 위험이 적다. 반면 결정이 늦어지면 그만큼 기회를 잃어버리게 된다. 비유하자면, 녹고 있는 아이스크림을 앞에 두고 상대와 어떻게 나눌지를 결정해야 하는 것이 기업 경영자의 운명이다.

똑같은 양의 먹이가 든 2개의 먹이통 사이에 있는 당나귀는 어느 것을 먹을지 끝없이 고민만 하다가 결국 굶어 죽는다는 이야기가 있다. 이 당나귀 우화는 14세기 프랑스 철학자 뷔리당이 전해준 이야기로 알려져 있다. 그래서 흔히 '뷔리당의 당나귀'라고 하면 결단을 내리지 못하고 우왕좌왕하는 자의 어리석음을 상징하곤 한다. 만약 경영의 최일선에 선 자들이 뷔리당의 당나귀와 같다면 그 기업이 성공할 수 있을까.

결정의 합리성은 중요하다. 그러나 그 적합성 여부를 따지느라 기회를 잃는 것은 어리석다. 결정이 내려졌다면 불굴의 용기와 의지로 스스로를 던질 줄 알아야 한다.

결단에는 책임이 뒤따른다

1993년 6월 이건희 회장은 프랑크푸르트 한 호텔에서 신경영과 관련한 그 유명한 경영 특강을 마치고 사장단 10여 명을 방으로 불렀다. 강연 내용에 대한 사장단의 의견을 듣기 위해서였다. 이수빈 실장은 이 자리에서 이 회장에게 간곡하게 건의했다.

"회장님, 아직은 양을 포기할 수 없습니다. 질과 양은 동전의 앞뒤입니다."

질 중심 경영을 강조한 데 대한 간곡한 반대 의견이었다. 이 실장의 직언에 이 회장은 손에 들고 있던 티스푼을 집어 던지고 문을 박차고 나갔다. 순간 참석자들의 얼굴이 노래졌다. 삼성맨들 사이에 회자되는 일명 '스푼 사건'으로, 이 회장의 질 위주 경영, 신경영에 대한 강한 의지를 보여주는 실화이다. 물론 의지를 보여주는 게 전부가 아니다. 중요한 건 자신의 결단에 뒤따르는 모든 것을 스스로 감싸안겠다는 강한 책임의식이고, 이것은 용기와 스스로에 대한 믿음 없이는 불가능한 일이다.

의사결정은 의사결정자에게 책임을 요구한다. 이미 이루어진 결과에 대한 수동적 책임(Responsibility)뿐만 아니라 자신의 삶, 사회 공동체의 삶을 당당히 만들어가는 능동적 책임의식(Accountability)이 필요하다. 그래서 신중해야 한다. 하지만 일단 결단을 내렸으면 이를 힘 있게 밀고 나가야 하고, 결과에 대해 무한 책임을 져야 한다. 그래야 부하 직원들이 믿고 따른다.

이런 맥락에서 오너 경영과 전문경영인 체제를 이야기해볼 수 있다. 두 가지 경영 체제 가운데 어느 쪽이 더 나은가 하는 것은 한국 사회에서 오랫동안 논란거리가 되어왔다. 그러나 전문가들은, 적어도 한국 경제의 고성장 배경으로 오너 경영을 꼽는 데 주저하지 않는다. 최고 의사결정권자는 모든 결정에 책임을 지게 된다. 위험이 따르는 결정은 더욱 그렇다. 그래서 오너가 아닌 전문경영인들은 판단을 주저하는 경우가 종종 있다. 일본 반도체업체들이 그랬다. 결단을 내리지 못하고 시간을 끌다가 투자 타이밍을 번번이 놓쳤다.

하지만 한국 기업은 달랐다. 삼성전자는 메모리반도체의

세대 교체기마다 일본보다 먼저 수천억 원씩을 한꺼번에 투자하는 과감하고 신속한 결단을 이어갔다. 이것은 오너 체제가 아니라면 사실상 불가능했던 일이다. 미국의 언론들도 삼성의 강점으로 '오너 경영'을 지목한다. 오너 경영으로 대표되는 한국식 경영은 일본 기업에 비해 '오너십과 리더십'이 매우 높았다. 때문에 경영자의 의사결정이 빠르고 속전속결식 스피드 경영이 이뤄질 수 있었던 것이다.

반면 일본 기업은 운명공동체적 성격이 강하다. 의사결정 과정에서 기안서를 작성하고 경영 회의를 여는 등 의견 조율에 시간과 노력을 허비한다. 그것이 꼼꼼한 일 처리에는 도움을 주지만 신속한 의사결정에는 장애가 된다.

과거 20세기에는 관리형 CEO가 각광을 받았으나, 현재 21세기에는 올바른 리더십을 갖춘 CEO가 요구된다. 우리 기업도 신속한 의사결정과 그 결정에 책임지는 시스템을 구축하여 미국 기업처럼 전문경영인일지라도 오너처럼 일할 수 있는 환경을 만들어가야 한다.

용장 밑에 약졸 없다

요즘 같은 스피드 시대, 융합·복합의 시대에는 신속한 결단이 더더욱 중요한 요소가 되고 있다. 옛날에는 의사결정이 한 사람의 장군에 크게 의존했다면, 지금은 병기의 위력이 첨단화되면서 한 사병의 대응력이 더 중요해졌다. 장군의 의사결정보다 사병 한 명의 의사결정이 더 중요한 결과를 가져오는 시대인 것이다. 또한 지금은 의사결정이 상향화되는 시대이다. 수직 조직에서 수평 조직으로 이행해가면서 점차 조직원 전원이 사장인 시대가 될 것이다.

의사결정력이 평준화된 시대에는 모든 이의 의사결정(DA) 역량이 중요해진다.

1978년에 노벨 경제학상을 받은 사이먼(H. A. Simon) 박사는 기업의 경영 활동은 '의사결정'의 연속이며 경영 활동의 효율성은 바로 의사결정의 질에 달려 있다고 주장했다. 이러한 의사결정의 주체가 바로 인적자원이며, 이들의 능력이 바로 의사결정의 질을 결정한다. 그것에 따라 당연히 회사의 성과도 달라진다. 불확실성하에서 신속한 의사결정을 내리려면 빠른 추론(Rapid Reasoning) 능력을 갖추어야 한다. 의사결정의 질을 높이기 위해 정확한 판단의 확실성을 확보해야 하기 때문이다.

경영진이 불조심을 외치자 사원급까지 모두들 똑같이 불조심만 외치는 형국이 되어버리면 바람직하지 않다. 실제로 화재를 막는 데는 모두가 불조심을 따라 외치는 게 아무런 소용이 없다. 용접 기계, 전기 누전 등 불이 나는 원인은 여러 가지다. 각자가 화재 원인에 대한 대책을 마련하는 것이 진정한 불조심이다.

그런데 직원들의 마음을 움직이려면 상황 인식을 공유하는 것만으로는 부족하다. 그들에게 자신감을 불어넣을 수 있어야 한다. 내가 삼성SDI에서 PI 작업을 추진할 때의 일이다. 1년 안에 혁신을 성공시킬 수 있다며 추진팀을 구성했으나 아무도 자신감을 갖지 못했다. 하지만 강하게 밀어붙였다. 작업 초기 추진팀만 현업 50명, 시스템 요원 50명 해서 100명으로 구성했고, 나중에는 간접 인력까지 충원해서 200명이 넘을 정도로 엄청난 인원을 투입했다. 본사 건물 한 층을 PI팀이 독차지할 정도였다. 그러자 여기저기서 불만의 목소리가 흘러나왔다. "회사 시스템이 엉망이 되어버렸다", "회사가 무조건 밀어붙이는 깡패하고 뭐가 다르냐"는 불만이었다. PI 작업을 '똥개이론'이니 '깡패이론'이니 하고 비하하기도 했다.

나는 매월 전 임직원을 대상으로 PI 강의를 했다. 직원들의 어려움을 잘 알고 있다는 것을 솔직히 말하고, 신의 영역이 아닌 인간이 도전할 수 있는 목표까지는 우리가 성공할 수 있다고 강조했다. 자신감을 갖자는 것이었다. 그리고 결과는 내 생각대로 성공이었다. 사람은 해보지 않은 일에는 어려움과 공포를 느낄 수밖에 없다. 그러나 고통과 두려움에 짓눌려 더 높은 곳을 바라보지 못한다면 현상 유지와 퇴보도 피할 길이 없다.

서울대 윤석철 교수가 말하는 탐색 시행의 문제도 이와 유사하다. 탐색 시행이란 어떤 문제를 예스(Yes) 혹은 노(No)라는 이분법적 판단 재료의 수준까지 정의한 뒤 그 답을 실험에 의해 발견하는 방법이다. 수많은 천재적 발견과 발명이 끈질긴 탐색 시행을 거쳐서 나온 것이라는 사실은 매우 흥미롭다.

백열등의 필라멘트 소재를 찾아낸 에디슨도 불굴의 '탐색 시행자'였다. 그는 연구실 조수의 수염까지 뽑아보며 수천 가지 물질을 대상으로 실험을 반복했다. 비행기를 발명한 라이트 형제도 마찬가지다. 그들은 항공이나 유체·기계 공학에 대한 전문적인 이론을 가진 사람들이 아니었다. 그런 그들을 위대한 발명으로 이끈 요인은 바로 줄기찬 탐색 시행이었다.

그래서 윤 교수는 탐색 시행의 중요성을 깨닫지 못하는 기업 현실을 안타까워한다. "선진국에서 기술을 주지 않아 힘들다"고 푸념하는 기업인들에게 윤 교수는 이렇게 묻는다. "왜 자력으로 기술을 개발하지 않으십니까?" 그러면 되돌아오는 답은 대부분 "이론을 모르는데 어떻게 개발합니까?" 라는 것이다. 실제로 중요한 과학적·경제적·기술적 혁신들이 탐색 시행을 거쳐 나온 것이라는 사실에 비추어보면 이러한 대답은 큰 오류인 것이다.

현장에 깊숙이 몸담고 상황을 숙고하면 문제는 자명해지고 언젠가는 결단의 순간도 찾아온다. 이병철 회장의 반도체 진출은 10년에 걸친 끊임없는 탐색 시행을 거쳐 나온 결정이다. 이 회장이나 삼성이 반도체 이론에 해박해서 내린 결단은 결코 아니었다. 그러나 그 결정은 세계 산업의 판도를 송두리째 바꿔놓을 정도로 위대한 것이었다.

그처럼 최고경영자는 자신의 판단과 결정에 대해 믿음을 가져야 한다. 강한 자신감 속에서 자신의 비전을 직원들의 비전, 기업 전체의 비전으로 바꿔야 한다. 현재를 버리려는 용기 없이 미래는 오지 않기 때문이다. 최고경영자가 할 일은 그런 용기와 믿음 속에서 부하 직원들을 독려함으로써 그들 스스로가 미래의 주체로 나서게 하는 것이다.

후안흑심 : 위기 극복의 창과 방패

《후안흑심(厚顏黑心)》, 즉 'Thick Face, Black Mind' 라는 제목을 단 책이 있다. 낯이 두껍고 심장이 시커멓다는 뜻이다. 중국계 미국인 여성으로 성공 전략 전문가인 친닝추 여사의 역작이다.

스티븐 코비의 《성공하는 사람들의 7가지 습관》이 서구식 통찰력이라면, 이 책은 동양의 지혜를 현대적 경영 전략으로 승화한 훌륭한 책이다. 인생을 살아가며 꺼내보고, 조직 생활과 연구 활동에 몰두하며 다시금 찾게 되는 경영의 명심보감이라고나 할까?

'후안흑심' 을 한자 그대로 해석하면, '두꺼운 얼굴' 과 '검은 마음' 을 뜻하지만 여기에는 적극적인 행동에 관한 깊은 통찰이 내포되어 있다. 미국의 개척자들이 '후안흑심' 을 지녔고 아시아의 사업가들이 '후안흑심' 을 이용하고 있다. 고금을 통해 성공한 사람들은 모두 '후안흑심' 의 비결을 이용한다는 이야기다.

후안흑심 이론에 따르면, 큰일을 결정할 때는 작은 일에 연연하면 안 된다.

예를 들어 전쟁 중인 성(城)에서 물을 채워두었다가 적을 공격하기 위해 물을 한꺼번에 쏟아부어야 할 경우가 있는데, 그때 성 밑에 있는 사람들이 물에 쓸려나가는 일이 있더라도 그런 용단을 내릴 수밖에 없다는 것이다. 그렇지 않으면 대군을 잃을 수 있기 때문에 아프더라도 그런 결정을 내린다는 것이다.

1996년 여름 나는 삼성SDI 내부에 산적한 문제를 상대로 혁신이라는 이름의 외로운 투쟁을 벌이고 있었다. 끝없는 내적 갈등과 투쟁하느라 지친 나는, 오랜만에 부산 바닷가를 찾았다. 그 바닷가 횟집에서 만난 집안 어른이 찌든 내 표정에서 무슨 기미를 읽으셨는지 책 한 권을 권해주었다. 평소 유유자적 살아가는 이태백 같은 어른이라 존경해왔는데, 일독을 권유받은 그 책이 바로 《후안흑심》이었다. 그 책은 내게 '성공한 혁신'의 영광을 맛보게 했다. 또한 삼성SDI의 많은 사원에게도 그 책이 새로운 인생의 전환점을 만드는 계기가 되었으리라고 믿는다.

'후안'은 방패이다. 남들의 부정적인 견해, 체면으로부터 우리의 자존심을 방어하는 방패가 바로 후안이다. 후안에 숙달된 사람은 남들의 비판에 아랑곳하지 않고, 자기 자신의 적극적인 자아 이미지를 창조해낸다. 후안을 가진 사람들이 스스로에 대해 갖는 절대적인 자신감은 남들에게도 자신감을 불어넣는다. 격동하는 시대가 요구하는 어떠한 변화의 흐름에서도 스스로의 방식을 채택할 수 있는 능력이 바로 후안에서 나오는 것이다.

'흑심'은 창이다. 남들에게 어떤 결과를 줄지 아랑곳하지 않고 행동하는 능력이 바로 흑심이다. 흑심을 가진 사람은 근시안적 동정심을 초월할 줄 안다. 그는 자신의 목표에 주의력을 집중하고 그에 따른 부수적인 희생은 무시한다. 흑심의 사람은 실패를 두려워하지 않는 용기를 지니고 있다. 결국 효율적인 행동을 도모하는 데는 늘 실패의 위험이 뒤따른다는 것을 의미한다.

후안과 흑심은 동전의 양면처럼, 창과 방패로서 항상 함께한다. 한마디로 자신의 의지를 남들에게 숨기는 것이 후안이고, 자신의 의지를 남들에게 관철시키는 것이 흑심이다. 진정한 목적은 한계에 도달하는 데 있지 않고 무한한 것을 완성하는 데 있다. 남들의 비판과 체면을 초월하여 적극적으로 자기만의 고유한 방식을 창조하되, 실패를 두려워하지 않는 용기로 승리를 위해 매진한다면 우리는 무한한 성과를 창출할 수 있다.

어려움을 이해하고 역경을 인내하고 위험을 예상하고 모욕을 참는 자에게 명성과 성공은 보장된다. 위기는 인생을

바꾸는 절호의 기회다. 바로 이러한 사고방식이 위풍당당 호
랑이의 자세 아닌가.

의사결정을 지원하는 AHP

생일을 맞은 사람 앞에 푸짐한 상이 차려져 있다. 하지만 그에게는
가혹한 전제 조건이 제시되어 있다. 그 많은 음식 중에 오직 한두
가지만 먹을 수 있다는 것이다. 어떤 음식을 선택할 것인가? 만약
그가 배고픈 상태라면 떡이나 육류를 고를 것이다. 이미 배가 부른
상태라면 과일이나 아이스크림 같은 디저트 음식을 고를 것이다. 만
약 그가 미식가 취향이라면 그동안 먹어보지 못한 특별한 음식을 선
택할 것이다.

이처럼 누구나 의사결정을 할 때는 여러 대안 중 하나를 의식적으로
선택하게 돼 있다. AHP(Analytic Hierarchy Process; 계층 분석적 의사결정
방법)는 복잡한 상황에서 다수의 대안에 대한 다면적 평가 기준을 제
공해줌으로써 의사결정을 지원하는 방법이다. 1980년 미국의 토머스
셔티(Thomas Saaty) 교수에 의해 개발된 AHP는 경제, 경영, 국방, 정
치 등 여러 분야에서 다양하게 적용될 수 있다.

AHP는 의사결정의 전 과정을 여러 단계로 나눈 후 이를 단계별로 분석, 해결함으로써 최종적인 의사결정에 이르는 방법이다. 의사결정 환경이 점점 복잡해지는 상황에서는 잘못된 의사결정의 가능성도 점점 더 높아지게 된다. 이런 모순을 극복하고 합리적 · 능률적인 의사결정을 하려면 과학적 방법을 도입할 필요성이 있다.

AHP는 인간의 두뇌가 의사결정을 할 때 단계적 또는 위계적 분석 과정을 활용한다는 사실에 착안해 개발되었다. 연구 결과에 의하면 사람은 문제를 해결할 때 '계층적 구조의 설정', '상대적 중요도의 설정', 그리고 '논리적 일관성 유지'의 원칙을 따른다고 하는데, 바로 이 세 가지 원칙이 AHP의 이론적 근간이다.

AHP의 가장 큰 장점은 복잡한 상황에서 수많은 의사결정 요소들의 가중치 또는 중요도를 간단한 비교를 통해 산출해내는 데 있다. 일반적인 의사결정 방법은 계량화 가능한 요소는 반영할 수 있지만 '고객 서비스의 향상', '회사 이미지 제고' 등과 같은 요소를 반영하는 데는 한계가 있다. 하지만 사실 이것이 더 중요한 의사결정 요인이 되는 경우가 많다. 이때 AHP를 활용하면 서로 다른 척도를 가진 요소 간의 비교와 통합을 보다 합리적이고 체계적으로 할 수 있게 된다.

AHP의 또 다른 특징은 의사결정 과정에서 의사결정자의 논리적 일관성이 유지되었는지 확인할 수 있도록 지원한다는 점이다. 또한 시장 상황의 변화에 따른 새로운 기준의 추가나 삭제, 모델의 재설정

등의 피드백이 용이하도록 지원한다. 이를 통해 의사결정의 시간을 줄이고 의사결정의 질을 크게 향상할 수 있다.

토끼

한눈팔지 않고 숨은 문제까지 계산한다

토끼는 약한 동물이다. 늑대와 여우 같은 강한 천적을 피하기 위해 낮에는 굴속에서 잔다. 잠을 잘 때도 움츠리고 잔다. 자신의 분비물 냄새가 맹수를 부를 수 있기 때문에 함부로 자신을 드러내지 않는다. 가장 안전하고, 다른 동물의 눈에 띄지 않는다고 판단되는 곳에서만 볼일을 본다. 굴의 위치와 통로도 순식간에 도망갈 수 있도록 만들어놓는다. 토끼는 눈이 커서 밤에도 잘 보지만, 그런데도 절대 한눈을 팔지 않는다.

토끼의 이런 조심성은 기업 경영에서 잠재문제 분석(PPA)의 중요성을 일깨운다. 우리는 신중에 신중을 기해 어떤 일을 결정한다. 그러나 그것이 단지 과거의 문제를 해결하는 데 그쳐서는 안 된다. 그 결정으로 인해 앞으로 나타날 수 있는 또 다른 문제점을 사전에 점검해 그것까지 피해야 한다. 토끼의 큰 눈과 큰 귀는 바로 그런 미래의 문제를 예측하고 대응하라고 있는 것이다.

잠재된 문제점까지
대비하라

이순신 장군의 연전연승을 배우라

충무공 이순신 장군은 임진왜란 동안 조선 수군을 이끌며 단 한 번도 싸움에서 진 적이 없다. 그가 전투를 총 몇 번 치렀는지에 대해서는 여러 견해가 있지만, 큰 전투만 따지면 23번 치른 걸로 알려졌다. 어쨌든 그는 이 모든 싸움에서 승리해 23전승이라는 세계 해전사에 전무후무한 전과를 올렸다. 전선의 수나 병력이 우세했던 것도 아니었다. 심지어 명량해전에서는 단 12척으로 300여 척의 적선과 맞서 싸우기도 했다. 그래도 전투를 승리로 이끌었다.

그 비결은 무엇일까? 대답은 이렇다. 이순신 장군은 질 싸움을 하지 않았다는 점이다. 불리한 상황에서는 방어에만 치

중했다. 그리고 반드시 이길 조건을 만들어놓은 뒤 전투에 임했다. 이순신 장군은 병사 수, 병사의 사기, 전선을 비롯한 무기의 성능 및 규모 등 모든 전세를 완벽하게 비교 분석했다. 기본적으로 우리 수군은 근접전과 육박전에는 취약했다. 적은 조총을 갖고 있었고, 또 실전을 통해 육박전에 단련돼 있었다. 한편 우리 수군은 우리 해안에 대응 능력이 뛰어난 배(판옥선)를 갖고 있었고, 성능이 뛰어난 포를 갖고 있어 포격전에 강했다. 이순신 장군은 이 장점을 최대한 활용했다. 전투 장소도 상대방이 만들어놓은 터에 무턱대고 들어가서 싸우지 않고, 어디가 가장 유리한지 분석해 그곳에 가서 싸웠다. 전투 시기도 언제가 이로울지를 분석해서 불리한 상황을 피했다.

서강대 지용희 교수는 "임진왜란은 7년간 계속되었다. 이순신 장군은 23번을 싸웠다고 해도 대부분의 시간을 전투 준비에 보냈다. 정보를 수집하고 군대를 양성하고 식량을 조달하고 거북선을 개발하고 일기를 썼다. 어떤 상황에서도 변함없이 대비하고 준비한 것이 이순신 장군 업적의 요체이다"라고 했다.

이순신 장군이 적을 공격하지 않은 죄로 삼도수군통제사직을 박탈당하고 붙잡혀 갔다가 백의종군하던 시기, 원균 통제사가 이끌던 조선 수군이 궤멸되다시피 한 칠천량해전은 임진왜란 기간 동안 조선 수군이 패한 유일한 싸움이다. 이 싸움과 다른 싸움들 간의 가장 큰 차이는 이순신 장군이 지휘하지 않았다는 점이니, 충무공의 탁월한 지휘력을 역으로 보여준다 할 수 있겠다.

지리적 이점과 때를 이용하는 것은 지략이다. 그러나 그러한 지략도 적의 움직임과 의도를 제대로 파악해야 효용이 있다. 《난중일기》에서 인상적인 것은 이순신 장군이 센서(척후선), 첩자를 항상 운용하고 있었음을 보여주는 대목이다. 이순신 장군은 이를 이용해 부하 장수들이 얻어낸 첩보나 투항한 왜적이 실토한 정보가 사실인지 아닌지 철저하게 이중으로 점검했다고 한다. 결국 이순신의 불패 신화는 잠재문제를 분석해 "이길 수 있는 싸움의 조건을 만들어서 싸운 데 있다"는 것이다.

이순신 장군에게 우리가 배워야 할 핵심 가운데 하나가 바로 '잠재문제 분석'의 중요성이다. 이순신 장군은 전투 시에 일어날 수 있는 문제를 사전에 꿰뚫고 분석했으며, 그 모든 경우에 대한 대비책을 세웠다. 흔히 우리는 당면한 문제를 해결할 방법에만 초점을 맞춰 사고한다. 그런데 그것은 어떤 문제를 해결하고 난 다음 그 해결책이 낳을 새로운 문제점을 놓친다는 위험성이 있다. 그 문제를 사전에 점검하여 예방하거나 대책을 세우는 것이 잠재문제 분석(PPA)이다.

왜 문제가 점점 커지는가?

앞서 했던 세종대왕의 이야기를 다시 해보자.

흔히 세종에 대해 '신하들과의 토론을 통해 국사를 결정한' 민주적 군주라는 칭찬을 많이 한다. 그러나 더 정확히 말하면, 신하들의 반대론을 무작정 배격하지 않고 오히려 그것을 통해 문제점을 미리 예방한 군주라고 보아야 할 것이다. 세종대왕이 측우기를 만들고 수표(수위표)를 만들게 한 것도 잠재문제 분석의 결과라고 할 수 있다. 풍흉에 따라 세금을 달리 매겨도 불만이 없게 하려면, 우선 날씨에 대한 객관적 자료가 있어야 했던 것이다.

여진족을 정벌할 때 세종대왕이 보여준 치밀함은 참으로 놀랍다. 여진족 정벌에 나서면서, 여진족 여러 부족의 동태, 출격했을 때 적군이 어디로부터 반격할 것인지, 부대의 규모는 얼마인지를 철저히 파악했다. 그리고 작전 계획이 실패하면 어떻게 대응할지에 대해서도 상황별 시나리오를 준비했다. 또한 공격을 개시하기 전 여진족을 속이기 위해 신하들을 이끌고 온천으로 요양을 떠날 만큼 철두철미했다. 모든 시나리오를 검토하고 그에 대비한 것이 완벽한 승리의 원동력이었다.

하지만 그토록 신중했던 세종대왕도 실패한 경험을 갖고 있다. 일본에 통신사로 다녀온 박서생이 "일본에는 수차(낮은 곳에서 위쪽으로 물을 퍼올리는 기구)가 많이 보급돼 있어 농사에 도움을 주는데, 조선에도 수차를 보급하는 것이 좋겠다"고 건의한 것이 계기가 됐다. 당시 가뭄이 매우 심했기 때문에 수차로 농사에 큰 효과를 볼 수 있다는 기대감이 부풀었다. 이에 김신에게 수차 만드는 법을 자세히 알아보라 했고, 수차 모델을 지방으로 보내 지방 수령들이 이를 본떠 수차를 만들어 쓰도록 했다. 관리를 지방에 파견하면서까지 보급 운동을 폈지만 효과는 미미했고 결국 수차를 이용하려던 계획은 무산됐다. 세종대왕은 보급운동을 펴기 전에 이렇게 한번 물었어야 했다. "그것이 정말로 우리 조선에서도 효과가 있을까?" 문제는 바로 거기에 있었다. 일본 수차는 우리 환경에는 잘 맞지 않았기에 애물단지가 돼버렸던 것이다. 잠재문제 분석은 아무리 철저히 해도 지나치지 않는다는 것을 보여주는 일화다.

이병철 회장이 계열사 사장들과의 문답에서 마지막에 꼭

"그것만 하면 다 되냐?"고 묻곤 했다는 사실은 앞서 얘기한 바 있다. 잠재문제 분석을 소홀히 하면 자칫 이러지도 저러지도 못하는 난항에 빠져들게 된다. 그것을 시행하면 어떤 새로운 문제가 발생하는지, 새로 발생한 그 문제는 어떻게 해결할지, 기업의 최고경영자는 바로 이런 물음을 늘 스스로에게 던져봐야 하고, 그에 대한 해답을 갖고 있어야 한다.

삼성전자가 반도체 3라인을 착공하려 할 때도 그랬다. 그때만 해도 1, 2라인이 계속 적자를 내고 있었다. 대부분의 사람이 상황을 좀 더 지켜보다가 착공하자며 보류를 건의했다. 그러나 이병철 회장은 착공을 지시했다. '상황만 지켜보고 있으면 다 되는가' 하는 문제의식 때문이었다. 양산 시점에는 물량이 부족할 정도로 수요가 많았으니, 결국 그의 판단은 옳았다. 반도체 공정 방식을 결정할 때도 마찬가지였다. 표면에서 파고들어가는 트렌치 공법이 아니라 스택 방식을 택했다. 트렌치 방식을 채택한 회사보다 스택 방식을 채택한 회사가 앞서갔던 것이다. CEO가 철저히 시장을 읽고 네트워크를 가동하고 의사결정을 하는 것은 잠재문제 분석(PPA)을 제대로 했다는 방증이다.

경영 혁신의 관점에서 볼 때도 마찬가지다. '이 프로젝트가 실패한다면 왜일까?' 가 PPA의 근본 질문이다. 어떤 문제가 예상되는가? 각각의 문제가 발생될 가능성과 심각성은 어느 정도인가? 그렇다면 그 문제가 발생하는 원인은 무엇이고, 그것을 방지할 방법은 무엇인가? 이런 식으로 사고를 점진적이고 순차적으로 진행해나가는 것이다. 예를 들면 "이번 신제품 납품 프로젝트를 성사해야 한다. 그러지 못하면 망한다. 그런데 그 일이 성사되지 못했다면 어떤 문제가 발생하여 그런 것일까?", 그리고 "그 문제의 원인이 되는 것은 무엇일까?"라는 식으로 문제와 원인을 예측 평가하여, 그에 맞는 대책을 세워야 한다는 것이다.

사실 예상되는 모든 문제에 대해 일일이 대비할 수는 없다. 핵심이 될 정도로 굵직굵직한 문제만 골라 중점적으로 프로그램을 만들어 대비하고, 나머지 작은 것들은 그때그때 대응해도 큰 무리는 없다. 하지만 보통 기업들은 문제가 터질 때까지 덮어둔다. 그러다 보면 문제는 도저히 해결할 수 없는 더 큰 문제가 되어버리곤 한다. PPA를 통해 사전에 피드백을 마련해놓지 않으면, 결국 문제가 발생했을 때 해결하지 못하는 경우가 생길 수밖에 없다.

컨틴전시 플랜을 갖고 있는가?

컨틴전시 플랜(Contingency Plan)이란 말은 이제 어느 매체에서나 흔히 접할 수 있을 정도로 잘 알려진 말이 되었다. 우리말로 풀이하면 '불측 사태 혹은 비상사태 대응 계획' 정도로 번역할 수 있겠다. 예를 들면 중동에 긴장이 격화되어 석유 수입이 중단될 경우를 미리 상정해두고 이에 어떻게 대처할지를 계획해두는 것을 말한다. 일종의 조기 경보 시스템이다.

컨틴전시 플랜은 환경 변화의 선행 지표(예를 들면 외화 변동의 선행 지표로서의 국제 수지)를 미리 설정하고 그 징후가 있을 때 취할 행동을 미리 정해두는 것이다. '고객가치 혁신의 시대'라는 화두는 21세기에 들어와서 중요해진 개념이지만, '불확실성의 시대'가 회자된 것은 사실 1980년대부터다. 당시 GE 같은 미국 회사, 히다치 같은 일본 회사 등이 이러한 불측 사태가 생겼을 때 어떻게 할 것인가를 생각했다.

일본 기업들이 엔화가 1달러에 300엔 정도였는데, 이것이 반으로 떨어지면 어떻게 될까, 기름 값이 5배로 뛰면 어떻게 될까, 이러한 불측 사태가 일어났을 때 어떻게 할 것인가 하는 시나리오를 만들고 그에 대한 대응 전략을 가르치기 시작한 것이 이미 1970년대 말이다. 일본 히다치제작소의 한 기획 담당자가 미국에서 교육을 받고 돌아와 엔화가 반값이 되는 것을 상정해 비상 대책을 짰다. 그런데 얼마 안 있어 실제로 엔화가 그렇게 떨어졌다. 엔화의 향방을 몰랐던 다른 회사들은 몇 달 동안 큰 어려움을 겪었다. 그러나 히다치만은 그 사람의 계획 하나로 큰 업적을 이룰 수 있었다.

사소한 것 같지만, 미리 준비를 해둔 경우와 그렇지 않은 경우는 상황이 닥쳤을 때 엄청난 차이를 낳는다.

백화점에는 백화점 직원들끼리만 통하는 음악 신호가 있다고 한다. 위급한 일이 벌어졌을 때 상황의 진전에 따라 음악을 바꿔 직원들이 고객 대피 등을 돕기 위해 그들만의 음악 신호를 사용한다는 것이다.

미국 세계무역센터 빌딩을 강타한 9·11 테러에서도 피해를 적게 입은 기업이 있다. 모건스탠리는 위기관리 시나리오를 작성하여 수시로 모의 훈련을 실시하였기에 9·11테러 시에도 3700명 가운데 15명만이 실종되고, 전산시스템은 오래지 않아 복구되었다고 한다.

천안문 사태가 났을 때 일본 기업들도 가상 시나리오를 작성했다. 즉 천안문 사태가 무력으로 해결될 경우, 민주화가 성공할 경우 등 각각의 경우의 수에 따라 미래 시나리오를 작성해서 대비했다는 것이다. 어떤 기업은 무력으로 진압이 이뤄진다면 대만 기업 등 많은 기업이 근거지를 싱가포르나 홍콩으로 옮길 것이라 생각하고 미리 싱가포르에서 빌딩을 사놓았는데, 그 예상이 적중했다고도 한다.

불측 사태 대응 계획이 어떤 위력을 발휘하는지는 굳이 언급할 필요가 없을 것이다. 독일의 사회학자 울리히 벡은 오늘날의 고도화된 사회를 '위험 사회'로 개념화한 바 있다. 그만큼 현대 사회는 상시적인 위협과 불확실성에 노출되어 있어, 예상할 수 없는 위기에 봉착할 가능성이 많다는 뜻이다. 현재 우리가 겪고 있는 전 세계적인 경제 위기 역시 마찬가지다. 전문가들이 "미국이 위험하다, 미국 경제가 어떻게 유지되고 있는지 신기하다"고 말한 게 벌써 2~3년 전이다. 알 만한 사람들은 이미 시뮬레이션된 위기 대응 프로그램을 현실 속에서 가동하고 있을 것이다. 위기 뒤에 펼쳐질 새로운 기회는 바로 이들에게 주어질 가능성이 높다.

그러나 대한민국의 많은 기업, 특히 중소기업들은 그야말로 힘겨운 사투를 벌이고 있는 형국이다. 예를 들어 급등락을 겪는 환율 문제만 해도 그렇다. 며칠 동안 크게 치솟은 환율이 몇 가지 호재를 만나 급격히 떨어진다. 그러면 당장 송금을 하든지 결제를 하든지 해야 할 텐데 사람의 심리라는 게 그렇지 않다. 어쩌면 더 떨어질지 모른다는 기대감 때문에 지금 당장 해야 할 일을 다음 주까지 미룬다. 그러나 다음 주가 되면 이미 전혀 다른 세상이 펼쳐져 있다. 이런 하루살이 위기 대응 프로그램으로는 절대 위기를 극복할 수 없다. 토끼의 큰 귀와 눈은 그래서 필요한 것이다.

중소기업은 왜 힘든가?

중소기업 경영자들 가운데는 새 기술만 개발하면 모든 문제가 다 해결될 것처럼 생각하는 분들이 있다. 그러나 실제 상황은 다르다. 생산 문제, 마케팅 문제, 자금 조달 및 경제성 확보의 문제 등이 겹겹이 발생하는 것이 기업 경영의 현실이기 때문이다. 미국의 벤처 기업들은 이러한 문제를 이미 잘 알고 있어서 기술 개발이 끝나면 자사를 대기업에 매각하거나, 다음 단계로 이끌 리더에게 바통 터치하는 것으로 위기를 미연에 방지한다. 물론 그것이 유일한 방책은 아닐 테지만, 어쨌든 여기서도 잠재문제 분석은 그만큼 중요한 역할을 한다.

CEO의 독단 탓인지 어떤지는 모르겠지만 중소기업에서는

PPA가 제대로 이뤄지지 않는다. 중요한 건 개인적 직관과 경험이 아니라 기업 단위에서 잠재문제를 발굴하고 대응책을 마련할 수 있는 시스템이 갖춰져 있느냐다.

간단한 예로 전사적 생산 보전 운동인 TPM(Total Production Maintenance)에 대해 살펴보자. TPM은 설비의 계획, 사용, 보전 등 모든 부문에 걸쳐 최고경영진부터 제일선의 작업자에 이르기까지 설비 효율성을 극대화하는 운동이다. 설비 보전은 보전 부서만의 고유 업무라는 고정 관념을 깨고 전 종업원이 설비의 보전 업무에 참가하여 설비 고장, 불량, 재해의 제로를 추구한다. 이를 통해 기업 체질을 바꾸자는 혁신 운동이 바로 TPM이다.

예를 들어 형광등을 바꿀 때 어떻게 할 것인가? 그때그때 불이 나가는 것만 바꿀 것인가? 아니면 일정 기간 사용하고 나면 모든 형광등을 한꺼번에 바꿀 것인가? 형광등 값이 비싸고 인건비가 쌀 때는 전자가 나은 방법이다. 그러나 형광등 값은 떨어지고 인건비가 비싸지면 당연히 후자 쪽이 효율적이다.

한국비료에서는 펌프를 정비할 때 사전에 준비된 정비 보전 계획에 따라 부품을 교체한다. 사고를 예방하기 위해서다. 문제가 생긴 다음에야 바꾸거나, 재고가 바닥났을 때 자재를 구입하는 일은 더 큰 손실을 초래한다. 공장 가동을 멈춘 채 장비를 수리한다면, 그것은 예비품을 갖고 있는 것보다 더 큰 비용을 쓰는 셈이다. 일본의 한 광학 회사에서는 부품업체에 등급을 매겨 불량이 나거나 문제가 생기면 아예 업체를 바꿔버린다. 말로만 그러는 게 아니라 곧바로 행동에 옮긴다. 그렇기 때문에 별도의 점검 없이 그냥 꽂기만 해도 맞을 정도로 양품만 생산되는 것이다.

이처럼 소모품 하나를 교체하는 일에도 기업 경영과 관련해 중요한 의미가 숨어 있다. 과연 우리 중소기업들은 발생 가능한 모든 문제를 치밀하게 계산하고 그 대응책을 마련하고 있는가?

중소기업에서도 전 직원의 참여 속에서 잠재문제를 분석하고 대응책을 강구하는 기풍이 무르익어야 한다. 특히, 여러 가지 조건 차이야 있겠지만 잠재문제 분석과 관련된 시스템을 대기업 수준으로 향상시키겠다는 노력이 절실하다.

잠재문제 분석과 병렬작업 기술

1980년대 10년간은 일본 기업들이 미국 시장을 석권했다고 해도 과언이 아니었다. 그만큼 일본은 승승장구했다. 미국이 산업 공동화를 크게 우려할 정도였다. 이에 미국은 1985년 이른바 '플라자 합의'를 통해 달러 가치를 낮추고, 일본 엔화 가치를 높이는 극약 처방을 썼다.

미국의 약(弱)달러 전략은 미국 내 물가를 끌어올리는 등 부작용을 가져올 수밖에 없었다. 즉 근본적인 해법은 될 수 없었다. 그런데도 수입을 줄이고 수출경쟁력을 높임으로써 미국 제조업의 경쟁력을 되살릴 기회를 얻기 위해 그런 처방을 썼다. 그렇게라도 하지 않으면 세계 제일의 강대국 미국이 작은 나라이자 패전국인 일본에 의해 망할 수도 있을 것 같았다. 무섭게 치고 들어오는 일본을 맞아 어떻게 하면 살아남을 수 있을까? 이런 위기를 느낀 미국은 국가적인 연구를 시작했다.

미국 기업들은 제조업 부분에서도 일본의 도요타 생산 방식을 배웠다. 전통적인 포드 생산 방식(컨베이어 라인 위에 모두 앉아서 생산을 하는 방식)을 린 생산 방식(Lean Production System, 도요타 생산 방식을 MIT에서 개명)으로 바꾸었고, 재고 없는 합리적인 프로세스를 구축했다.

당시 미국 기업에서는 자동차 한 대를 생산하는 데 60~70개월이 걸렸다. 반면 일본 기업은 30개월밖에 걸리지 않았다. 납기 단축의 열쇠가 무엇인지 알아보기 위해 일본의 방식을 분석하고 연구하던 미국 기업들은 한 가지 단서를 찾아 냈다. 바로 일본의 '네마와시'였다. 네마와시는 무슨 일을 시작하기 전에 관련자들이 충분히 의견 교환을 하여 상호 합의의 전제하에 일을 추진해나가는 합의 제도이다.

이러한 제도는 제품 개발자가 자기 생각만으로 목표를 세워 추진하는 것이 아니라, 고객의 생각, 생산 부서 및 구매 부서의 생각 등 모든 관련자들의 의견을 사전에 청취함으로써 제품 개발 시 생길 수 있는 문제들을 미리 알고, 그 문제점을 제품 개발 단계에서부터 해결 혹은 봉쇄할 수 있게 해준다. 따라서 중간 과정상의 오류를 없애 성공률을 획기적으로 높일 수 있다. 잠재문제 분석을 전 부서로 확산시킨 셈이다.

1990년대 초에 크라이슬러는 또 한 번의 위기를 맞는다. 1991년 크라이슬러는 미국 내 시장점유율이 8.5%로 떨어져 일본 혼다에 3위 자리를 내주었다. 이때 크라이슬러가 혁신을 위해 채용한 것이 미국판 '네마와시'다. 크라이슬러는 미국 내 주요 자동차 메이커 중 처음으로 자동차의 디자인, 제품 기획, 엔지니어링, 생산 및 판매를 한 지붕 아래서 해결하는 크라이슬러 기술 센터(CTC; Chrysler Technology Center)를 디트로이트 북쪽 근교에 1986년부터 건설하기 시작해 마침내

1996년에 기술센터 옆에 5각형 별 모양 외관을 장식한 15층 규모의 본관 건물을 완공했다.

크라이슬러 특유의 플랫폼 팀 조직이나 캡 포워드 디자인 등은 바로 이때부터 확립된 것이다. 크라이슬러는 소형차 '네온'을 생산할 공장 근로자 1500여 명을 본사 기술 센터로 불러들여 수개월 동안 조립 훈련을 시켰다. 이들이 수천 건의 공정 개선 제안을 내놓아 품질 향상에 크게 이바지했다. 또 시험 주행에 근로자들을 직접 참여시킴으로써 그들 스스로 품질 수준을 확인할 수 있도록 했다.

플랫폼 팀 조직 체계는 단계적으로 이뤄지던 기존의 개발 작업 방식을 탈피해 팀 구성원들이 동시에 작업하는 체제로 이행한 것이다. 이제 팀 구성원들은 자동차의 일부분에만 전념하는 것이 아니라 전체에 초점을 맞추게 된다. 디자인, 엔지니어링, 구매, 생산 및 판매에 관련된 모든 구성원이 자동차 개발의 최초 단계부터 계획, 개발 그리고 신제품의 출시에 이르기까지 공동으로 일을 하기 때문에 각 팀은 완전한 하나의 소공장처럼 기능한다. 이러한 조직 구조는 적은 비용으로도 보다 나은 품질의 차를 생산하게 했다. 크라이슬러는 개발 기간을 39개월로 단축해 개발비를 크게 줄인 네온을 8975달러에 내놓아 마침내 '일본차 킬러'라는 닉네임을 갖게 되었다.

각 프로세스를 담당하는 여러 기술자가 동시에 공동 작업을 진행함으로써 제품을 개발하는 이 방법을 병렬작업 기술(Concurrent Engineering)이라고 한다. 그 핵심은 잠재문제 분석을 체계화한 것이다.

이처럼 전 사원이 자발적으로 의사 표현을 할 수 있게 해줄 시스템을 갖추고, 그 시스템을 수평적으로 운영하며 더 많은 의견, 더 좋은 대응책을 찾아내는 게 CEO가 할 일인 것이다. 이런 준비를 완벽하게 해놓는다면 아무리 거센 위기가 닥쳐와도 두렵지 않을 것이다. 이미 문제 이면의 문제까지 대비책을 마련해놓았을 테니까 말이다.

(Innovation Tool)

잠재문제 분석을 위한 혁신 도구 TPM과 FMEA

TPM(Total Productive Maintenance; 전사적 생산 보전 운동)은 한마디로 사전 예방을 통해 생산성을 극대화하는 혁신 도구라고 말할 수 있다. 특히 설비 의존도가 높은 장치 산업 및 조립, 가공 산업 분야에서 각

광받는 것이다. TPM은 1969년 일본 도요타의 자회사인 일본전장에서 처음 시도되었다. 한국에서는 1987년 한국표준협회가 처음 소개했으며, 2년 뒤 삼성전자 반도체 부문, 현대자동차, 동서식품 등 3개 업체가 사업장에 본격적으로 도입했다.

TPM을 더욱 확장한 형태의 잠재문제 분석 도구로 FMEA(Failure Mode and Effect Analysis; 고장 모드 영향 분석)라는 것도 있다.

FMEA는 제품 개발 및 생산 시 예상 가능한 모든 고장의 형태가 고객에게 어떤 영향을 미칠 수 있는지, 또 그러한 고장의 원인이 어디에 있는지를 조사·평가·해석하여 영향이 큰 고장 모드에 대해서는 적절한 대책을 세워 고장을 미연에 방지하는 기법이다.

이 기법은 1950년대 초 프로펠러 추진 항공기가 제트 엔진 항공기로 바뀌면서 유압 장치나 전기 장치로 구성되는 복잡 다양한 조종 시스템을 가진 제트기의 신뢰성 설계를 위해 항공기 회사에서 개발했다.

이후 미 항공우주국(NASA)에서도 아폴로(APPOLO) 인공위성을 비롯한 우주개발 계획에 FMEA 기법을 활용하여 신뢰성 보증과 안전성 평가에서 많은 성과를 얻었다.

FMEA는 예상되는 고장 빈도, 고장의 영향도, 피해도 등에 관해 평가 기준을 설정해두고, 개개의 구성 요소에 대한 고장 평가를 종합하여 치명도(致命度)를 구한다. 치명도가 높을수록 중점적인 관리를 필요로 한다.

2

혁신의 기술
위기를 넘어서는 경영혁신 파워

변화를 주도하면서도 순리를 거스르지 않는다

용은 상상의 동물로 매와 호랑이 등 9가지 동물의 형상을 복합한 비늘 있는 동물 중의 우두머리이다. 여의주를 물고 하늘을 날면서 온갖 조화를 부리는 변화무쌍한 존재로 특히 디지털·사이버 세계에서 주역이 될 만하다.

천년을 기다린 이무기가 용이 되려면 여의주를 손에 넣어야 한다. 변화를 주도하는 용의 신통력이 여의주를 통해 완성되기 때문이다. 여의주는 변화(變化), 도전(挑戰), 창조(創造)라는 용의 상징을 이루는 매개체다. 기업 경영에서도 어떤 기업이 초일류 기업으로 재탄생하려면 여의주, 곧 핵심 역량(Core Competence)을 갖고 있느냐를 통해 결정된다.

용이 가진 비물(秘物)로 빼놓을 수 없는 것이 바로 역린이다. 목 아래 다른 비늘과는 반대 방향으로 나 있는 이 비늘을 건드리면 용은 반드시 사람을 죽인다고 한다. 그러나 기업 경영에 있어서의 역린은 그 반대다. 역린을 건드리면 사람이 아니라 용 자신이 죽고 만다. 기업이 갖고 있는 이 역린의 이름은 바로 '고객가치'이다.

변화를 위한 핵심 역량을 갖춰라

2등이 1등을 따라잡는 비결

1908년 헨리 포드가 세계 최초의 대중적인 자동차 '모델 T'를 내놓은 것은 가히 혁명이었다. 포드는 당시 2달러이던 노동자 일당을 5달러로 올리면서도 당시로서는 파격적인 가격인 850달러에 모델 T를 내놓았다. 1913년에는 자동차 값을 600달러로 내렸다. 컨베이어 벨트 시스템을 통해 원가를 획기적으로 낮춘 결과였다. 자동차는 쌌고 노동자의 임금은 높았으니 소비자와 노동자 모두가 만족할, 이른바 고객가치 창출에 성공한 것이다. 모델 T는 19년 동안 미국에서만 1550만 대가 팔리며 전 세계 자동차 생산의 절반을 차지했다.

그런 포드가 1927년 모델 T의 생산을 중단해야 했다. 포드의 모델 T를 제치고 미국 최고의 자동차로 등장한 것은 GM의 시보레였다. 당시 불과 290달러라는 싼 값에 모델 T를 팔 정도였던 포드는 어째서 퇴보의 길을 걸었을까? 이유는 간단하다. 자동차에 대한 소비자의 니즈 변화를 깨닫지 못했기 때문이다. 소득이 늘어남에 따라 소비자들은 다양한 스타일의 자동차, 신분을 상징하는 자동차를 요구하기 시작했다. 소비자가 세분화되고 있었던 것이다. 그런데도 포드는 모두를 만족시키는 값싼 차를 생산하는 데 매몰돼 있었다.

GM은 이런 포드의 허점을 파고들었다. GM은 분산형 조직 구조를 도입해 각각 다른 차를, 각각 다른 소비자에게, 각각 다른 가격으로 파는 차별화 전략을 썼다. 저가 시장을 겨냥한 시보레와 폰티악, 중가 시장을 겨냥한 뷰익, 최고급 차인 캐딜락에 이르기까지 GM은 다양한 자동차를 선보였다. 기능성보다 멋을 중심으로 차를 디자인하고, 매년 차의 디자인을 달리한 것도 파격이었다. 포드는 1927년 모델 T의 새로운 버전인 모델 A를 내놓으며 대응했으나, GM의 아성을 꺾기엔 역부족이었다. 모델 A는 4년 만에 자취를 감췄다.

1등이 2등에게 따라잡히는 일은 비일비재하다. 일회용 기저귀는 존슨앤존슨의 아성이었으나 저가 전략을 쓴 P&G에 의해 추월당했다. PDA 시장의 개척자는 애플이었으나, 그 열매는 후발 주자인 휴렛팩커드와 팜이 차지하고 있다.

1등은 애초 1등이 될 만한 강점을 갖고 있었을 것이다. 그러나 그 강점이 고착화되면 변화를 읽기 어려워지고 변화에 대한 대응도 굼뜨게 된다. 2등은 그런 약점을 공략하는 데 에너지를 집중함으로써 1등을 이길 수 있다. 1등을 이기는 강점은 낮은 가격일 수도 있고, 세련된 디자인일 수도 있다. 혹은 또 다른 것일 수도 있지만 궁극적 핵심은 역시 누가 더 세상의 변화에 민감하고, 그것을 호흡하고, 그것에 맞춰 스스로를 변화시킬 수 있느냐이다.

런던경영대학원의 석좌교수인 콘스탄티노스 마르키데스와 같은 대학원의 교수 폴 게로스키는 함께 쓴 《FAST SECOND - 신시장을 지배하는 재빠른 2등 전략》이라는 책에서 "작은 틈새 시장을 대중 시장으로 키워놓고 그 시장에서 선도자라 자처하는 기업은 그 성공에 도취한 나머지 자신이 시장 전체를 성공적으로 만족시킬 수 있다고 생각하지만, 그것은 멸망으로 가는 길"이라고 지적한다. 이 역시 '고착화' 의 위험성과 '변화' 라는 승리 기반의 중요성을 나타낸 말이다.

시장은 늘 변한다. 앞서, 변화에 발맞춘 2등 기업 GM은 포드를 따라잡음으로써 업계 판도를 바꿨다. 경험과 기술의 축적 없이 후발 주자가 선발 주자를 따라잡기란 거의 불가능하다는 아날로그 시대의 기적이었다. 그러나 수확 체증의 법칙이 지배하는 디지털 시대는 좀 다르다. 누구든 변화를 이끌어나갈 빠른 두뇌와 창의력, 도전 의지만 있다면 선두에 나설 수 있다.

그러나 여기에도 한 가지 조건이 있다. 후발이 선발을 따라잡으려면 용의 여의주, 곧 기업의 핵심 역량이 반드시 필요하다는 점이다.

핵심 역량을 갖기 위한 승부수

오늘날, 삼성전자를 빼놓고 삼성을 얘기할 수는 없다. 아니, 한국 경제를 얘기할 수도 없다. 삼성전자의 핵심은 반도체 사업이다. 그 가운데서도 메모리반도체다. 그러나 삼성전자가 반도체 사업에 성공하기까지 어떤 역경을 헤쳐왔는지를 정확히 아는 사람은 그리 많지 않다. 삼성의 반도체 사업은 창업자인 이병철 회장의 미래를 내다보는 혜안, 그리고 그런 혜안에 따른 결정을 뚝심 있게 밀고 간 결과다. 뚝심 정도가 아니라, 그룹의 사활을 건 도전의 결정체였다.

이병철 회장은 21세기 먼 미래를 볼 때, 부가가치가 낮은 가전 사업만으로는 삼성의 미래를 기약할 수 없다고 생각했다. 그래서 눈을 돌린 것이 산업의 쌀이라고 하는 반도체였다. 당시 우리나라에서는 그 누구도 반도체에 관심을 갖지 않고 있었다. 이 회장은 1973년 한국반도체 지분을 인수해 처음 반도체 사업을 시작했다. 기술 개발을 계속하며 시장을 탐색했다. 그리고 오랜 숙고 끝에 1983년 2월 8일 '도쿄 선언'을 통해 반도체 산업 본격 진출을 발표했다. 이 회장의 결심은 이랬다.

"반도체를 하기로 결심했다. 이제 누가 뭐래도 반도체를 밀고 나갈 것이다. 이 사실을 내외에 공표하라."

사실 이 회장의 결단은 10여 년의 치밀한 준비를 거친 것이었다. 그럼에도 선발 주자들이 있고 엄청난 투자가 필요하며 미래를 기약하기 어려운 새로운 사업이라는 점에서 정말로 어려운 결단이었음에 틀림없다.

삼성 반도체 사업은 엄청난 투자비를 필요로 했다. 적자는 계속됐다. 반도체 망국론 등 비판의 목소리가 적잖았음은 물론이다. 삼성의 반도체 사업은 당시 경쟁자였던 도시바나 히타치에 비해 규모가 훨씬 작았다. 후발 주자의 단점을 극복하려면 규모의 경제를 이루기 위한 과감한 투자를 계속해야 했다. 문제는 그것을 언제까지 지속할 수 있느냐였다.

삼성은 극심한 불황기에도 반도체 사업에 대한 투자를 멈추지 않았다. 한 연구 결과에 따르면 삼성 반도체 사업의 누적 적자는 출범 시부터 1986년까지 약 2조 원에 이르렀다고 한다. 1986년 삼성 그룹 전체의 경상수익 1200억 원과 비교하면 실로 어마어마한 규모다. 그런 엄청난 적자를 감내하면서도 삼성의 반도체 사업은 1980년대 내내 매출액 대비 50% 이상의 투자율을 유지했다. 그룹의 운명을 건 승부였다. 성공에 대한 최고경영자의 확신과 의지가 없다면 불가능한 일이었다.

이 회장의 결정은 옳은 것으로 판명이 났다. 삼성은 1983년 12월 세계에서 세 번째로 64K 디램을 독자 개발하는 데 성공했고, 5년 뒤인 1988년 디램에서 3200억 원의 이익을 내며 누적 적자를 한꺼번에 만회했다. 운명을 건 승부에서 마침내 승리한 것이다. 그리고 1993년 세계 1위의 메모리반도체 메이커로서 우뚝 섰다. 산업의 먼 미래를 내다보며 과감한 결단을 내리고 온갖 어려움을 무릅쓴 채 투자 계획을 밀고 나가지 않았던들 그런 쾌거는 없었을 것이다.

삼성은 메모리반도체 사업에서 세계 1위에 올라선 뒤에도 과감한 기술 투자를 계속해왔다. 그 핵심에는 삼성반도체연구소가 있다. 삼성반도체연구소는 2006년에도 하드디스크 드라이브(HDD)를 대체하는 낸드플래시 기반의 32기가 솔리드스테이트 디스크(SDD), 50나노 1기가 바이트 디램 등을 개발해냈다. 이러한 성공의 밑바탕에는 연구소의 로비에 걸린 액자에 쓰인 말, 즉 '미래 창조'의 정신이 있다. 그러나 거꾸로 생각해볼 필요도 있다. 그 미래 창조는 기업의 핵심 역량을 만들겠다는 열망과 투자 없이는 결코 이뤄질 수 없었다는 점이다.

혁신에는 '일점 집중'의 핵심 과제가 필요하다

바둑 용어 중에 '착안대국(着眼大局) 착수소국(着手小局)'이란 말이 있다. 대국을 할 때는 손 가는 대로 돌을 집을 것이 아니라, 먼저 눈을 통해 앞으로 전개될 판세를 미리 읽는 게 중요하다는 뜻이다. 큰 그림을 그릴 줄 알아야 고비마다 천변만화의 묘수를 발휘해 의도한 대로 승부를 이끌어갈 수 있다.

기업 경영에서도 마찬가지다. 착안대국의 미래안(未來眼)을 통해 판세를 입체적으로 바라보는 것, 세상의 흐름을 큰 사고, 다양한 관점, 글로벌 시각으로 바라보는 일이야말로 경제라는 커다란 대국에서 이기는 승부를 할 수 있는 비법이다. 이병철 회장이 그린 것도 바로 큰 그림이고, 그것을 완성시킬 핵심 엔진이 바로 반도체였다.

기업의 혁신 역시 다르지 않다. 이것도 해보고 저것도 해보는 식으로 힘을 분산하는 것은 낭비다. 수많은 혁신 과제와 혁신 방법 가운데 가장 필요하고 적합한 하나를 고르는 것이 중요하다. 이를 중심으로 다른 혁신 과제를 계속 달성할 수 있게 해야 한다. 혁신에서도 그것을 추진하고 완성시켜나갈 '일점 집중의 핵심 과제'라는 여의주가 필요하다는 얘기다.

상황 분석을 통해 일점 집중의 핵심 과제를 올바로 찾는다면 시너지가 극대화된다. 반면 그러지 못하면, 노력은 많았으나 얻는 게 없을 것이다. 하나의 핵심 과제를 선택하고 집중하는 경영은 종합생산성 혁신(TPI: Total Productivity Inovation)의 기본 정신이다. TPI의 기본 정신은 모든 활동의 힘을 한 곳에 모아 생산력을 효과적으로 신장시키는 경영관리 기법의 혁신을 의미한다.

1993년 이건희 회장이 선포한 삼성의 '질 중시 신경영'은 일점 집중의 핵심 과제를 '질' 관리에 둔 것이다. 삼성은 1988년 3월 창립 50주년 기념식에서 제2창업을 선언하고, 그해부터 TPI를 시작했다. 경영 목표를 달성하기 위해 경영 전반을 다시 분석하고 경쟁력 향상에 필요한 전략을 결정, 추진하는 기법으로서 TPI가 성공하려면 전 사원의 참여가 필수적이다. 그러므로 TPI에는 전사적 관리 지표 개발과 설정 및 운영, 전체와 부분 과제 진단 등이 뒤따라야 한다. 제2 창업 선언을 통해 삼성은 자율 경영, 기술 중시, 인간 존중의 틀로 새로운 시대의 혁신을 주도해가자고 선언했다. 그러나 삼성이 이후 제대로 변하지 못했기 때문에 5년 뒤에 다시 '신경영 선언'이 나왔던 것이다.

최우선적으로 해야 할 일련의 과제들을 설정하는 것을 '의 제(Initiative, Agenda) 설정'이라고 한다. 신경영 선언 당시 이건희 회장의 극언(極言)에 가까운 어록이 있다.

"내 말은 양과 질의 비중을 '5 대 5'나 '3 대 7' 정도로 가자는 것이 아니다. 아예 '0 대 10'으로 가자는 것이다. 질을 위해서라면 양을 희생해도 좋다. 제품과 서비스, 사람과 경영의 질을 끌어올리기 위해서라면 공장이나 라인의 생산 자체를 중단해도 좋다."

'질 관리'가 삼성의 전유물은 아니다. 외환위기 이후 현대

자동차가 성공한 비결도 '질 관리'에 있었다. 사실 기업의 혁신 과제는 다양하다. 원가를 절감할 수도 있고 똑같은 비용으로 생산성을 높일 수도 있다. 품질을 높일 수도 있다. 정몽구 회장의 목표는 품질 향상이었다. 현대자동차가 이 정도 위치에 왔다면 이제 가격을 낮추기보다는 품질을 높여 세계 시장에서 이겨야 한다는 새로운 목표를 제시한 것이다. 어쩌면 삼성자동차가 도전자로 등장하면서 위기감이 생겼을지도 모른다. 정 회장은 "내가 품질본부장"이라고 강조하며 품질 향상을 위해 협력업체까지 직접 챙겼다.

〈타임〉은 정몽구 회장이 철저한 품질 경영을 통해 과거 영욕의 현대차를 글로벌 성공 메이커로 변신시킴으로써 세계 자동차업계 역사상 가장 놀라운 기적을 이루었다고 칭찬했다. 〈비즈니스위크〉도 정 회장을 자동차 부문 최고 CEO로 선정했다. 〈비즈니스위크〉는 정 회장에 대해 "1999년 현대차를 맡으면서 품질을 최우선에 두는 경영을 시작, 회사를 바꾸어놓았다"고 보도했다. 모두 정 회장이 광적이다 싶게 품질 경영에 집착하면서 나타난 결실이었다.

어떤 사업에 집중할 것인가 못지않게, 혁신 과정에서도 구체적인 핵심 과제를 설정하는 일은 중요하다. 일본의 전자회사들은 한때 값싼 대신 질은 떨어지는 전자제품을 미국에 판매하는 회사에 지나지 않았다. 그러나 소니가 미국 시장을 휩쓸 수 있었던 것은 '소형화'라는 목표에 집중해서 그것을 쉼 없이 밀고 나갔기 때문이다.

우리 회사의 최고경영자로서 나의 여의주는 무엇인가. 여기서 여의주란 기업이나 개인의 핵심 역량을 가리킨다. 핵심 역량이라는 용어는 1990년대 초 C. K. 프라할라드와 게리 하멜에 의해 회자되었다. 소니의 핵심 역량이 '소형화'라면, 캐논의 핵심 역량은 '정밀기계'다. 기업이 생존하고 성장하려면 반드시 핵심 역량을 길러야 한다. 선택과 집중 전략을 통해 강한 것을 더 강하게 키워야 한다. 즉 한 우물을 깊게 파야 한다.

선진 기업들은 대개 자기만의 혁신 모델을 개척해서 성공했다. 기술이면 기술, 경영이면 경영, 혁신 방법이면 혁신 방법 등 한 가지라도 세계 최고가 될 때까지 계승 발전시키는 것이다. 도요타는 도요타 생산 방식(TPS), 캐논은 셀 방식, 교세라는 아메바, GE는 6시그마, 델은 X 엔지니어링 등이 그것이다.

뒤따라가는 후발 모방자(Follower)가 아니라 스스로 변화를 일으키고 선도해나가는 창조자(Creator), 개척자(Frontier)가 되어야 한다는 것이 우리가 십이지 동물 가운데 용에게서 배울 수 있는 경영의 기본기이다. 이런 변화의 선도는 일점 집중화된 핵심 역량의 개발에서 시작된다. 최고가 되려면 세계 속에 당당히 꺼내놓고 경쟁할 수 있는 자신만의 독특한 무기가 필요하다.

혁신 조직에 필요한 창조와 도전 정신

기업이 세상의 변화를 따라가기 위해서는 제 살을 깎는 고통이 필요하다. 42.195km 도전을 눈앞에 둔 마라토너가 근육과 지방의 비율을 적절히 맞추듯이 기업 조직도 혁신을 위한 소프트웨어와 하드웨어를 가다듬어놓아야 한다. 그런데 소프트웨어 측면에서 볼 때 삼성에서도 잘 안 된 것이 있다. 바로 개인별 사업부제이다.

처음에는 사업부별 시스템을 운영하며 여러 성과를 거두었다. 그러다가 사업부별로 하기보다는 개인별로 하는 것이 좋겠다 싶어 삼성전기에서는 1986~1987년 사이에 개인별 사업부제를 실시했다. 모든 사람이 스스로를 사장이라 생각하고 자기 목표를 세우고 목표를 달성하면 훨씬 효율성이 강화될 것 아니냐는 문제의식에서였다. 하지만 현실은 달랐다. 생산 라인이 엉망이고 불량이 많은데도 품질 데이터는 상당히 잘 나왔다.

본래 회사의 기대는 이런 것이었다. 개인별로 담당하는 부분의 품질 문제를 전부 나열하고 그 원인을 분석하여 개선 대책을 세우게 한다. 그 대책이 잘 시행됐는지 개인별로 확인만 하면 획기적으로 개선될 것이다.

이런 기대감으로 회사에서도 1년에 한 번씩 감사팀을 파견했다. 현장에 간 감사팀은 연초에 개선하기로 했던 품질 문제를 제대로 해결했는지 확인했다. 그런데 이상했다. 해결했다고 해서 확인해보면 데이터나 계획상으로는 잘 개선되어 있는데, 얼토당토않게 품질은 점점 나빠지고 있었던 것이다. 왜 이런 현상이 벌어진 것일까?

모든 문제는 기존에 발생한 문제가 동일하게 반복되는 게 아니다. 하나의 문제를 고치기 위해 시행한 개선과 변화가 또 다른 문제를 낳을 수도 있는 것이다. 그런데 감사팀에서는 연초에 설정해둔 문제에 대한 개선 사항만 확인했다. 자재고 생산 조건이고 시시각각 바뀔 뿐 아니라 다른 여러 환경도 바뀌고 있는데 연초에 세운 문제만을 거론하며 그것을 개선했다고 하니, 환경이 바뀐 후에 발생한 문제에 대해서는 개선이 이뤄지지 않은 것이다. 왜냐하면 감사 항목에 있는 것만 개선하면 그뿐이고, 감사팀은 약속한 것만 검증하고 말았기 때문이다. 자주적 의식을 갖고 노력하지 않고 강제적으로 주어진 것을 검사받는 것은 생산성과 능력 발휘 수준을 낮출 수밖에 없다. 그래서 창의적인 문화가 중요하다.

이 사례를 통해 나는 창의적이지 못한 조직은 결국 현실에서 무능해질 수밖에 없다는 사실을 깨닫게 되었다. 아무리 철저함을 추구해도 지표상의 수치는 현실을 모두 담아내지 못한다. 담아내지 못하는 것을 실행하기 위해 필요한 게 바로 기업 주체들의 창의성이다. 그래야 지표를 뛰어넘어 현실을 손에 쥘 수 있기 때문이다. 결론적으로 창의적인 기업 문화야말로 현실 변화를 감당해나갈 가장 중요한 역량이라는 사실이 드러난 셈이었다. 초일류 기업으로 평가받는 삼성에서도 변화를 추구하고 감당해나가는 일은 그토록 고통스러웠다.

창의성 못지않게 꼭 필요한 혁신이 하나 더 있다. 원래 자신의 강점이던 부분을 더욱 강하게 만드는 노력이 그것이다. 예를 들어 좋은 경영자라면 자기 기업이나 부하 직원들의 장점이 무엇인지를 파악하여 그것을 더욱 단련시킬 수 있는 프로그램을 만들고 적용할 만한 혜안을 갖춰야 한다.

마쓰시타 고노스케는 "3% 개선은 어려워도 30%는 쉽다"고 했다. 무슨 이유에서일까? 뭔가를 조금만 바꾸려고 하면 어렵지만, 아예 처음부터 모든 것을 근본적으로 다시 만들겠다고 마음먹으면 오히려 쉬워진다는 이야기다. 그는 이러한 생각의 대전환을 기업 및 직원들의 장점과 연결해 조직 전체가 무한 탐구에 휩쓸리게 만들었다. 마쓰시타 고노스케는 어떤 사람을 최고경영자로 키워야겠다는 생각이 들면 어려운 과제를 하나 던져준다고 한다. 만약 건물을 짓는 데 통상 12개월이 걸린다면 6개월 만에 지어보라고 하거나, 평당 200만 원이 들면 100만 원에 지어보라고 하는 등 불가능하다고 생각되는 과제를 내준다. 만약 주어진 조건 안에서, 즉 과거의 틀 속에서 해답을 찾으려 한다면 결코 그가 내준 과제를 달성할 수 없다. 생각의 대전환, 즉 혁신이 요구되는 것이다. 마쓰시타는 그런 능력을 갖춘 사람만을 최고경영자로 발탁해 양성한다. 원래부터 강점이던 것을 현실의 도전 과제 속에서 극대화하는 방식이다. 그것이 도전의 질적 수준을 높이고 눈앞에 닥치는 어려움을 창의성 속에서 극복하게 하는 강한 힘이 되어준다는 것이다.

"핵심 경쟁력은 언제라도
핵심 경직성으로 변질될 수 있다"

그렇다면 기업의 '역린'은 무엇일까? 그것은 기업 내부에 존재하며 때로 기업을 죽이기도 하는 약점이자 무한 추구의 과제와도 같은 것이다. 구체적으로 말하자면 바로 고객의 요구, 6시그마 혁신에서 말하는 고객 CTQ(Critical to Quality)이다. 6시그마 CTQ는 고객의 관점에서 가장 중요한 품질이 무엇인지, 요구 사항이 무엇인지를 파악하는 것이다. 고객이 생각하는 요구 조건에 품질을 맞추는 것이므로 역린을 비켜갈 핵심 역량 중 가장 중요한 것이 경영품질 역량이 된다.

6시그마는 구체적으로 고객이 원하는 것을 파악하기 위한 프로세스를 데이터로 분석해서, 그 프로세스가 언제나 고객 만족을 달성하도록 만들어간다. 즉 통계적이고 과학화된 고객만족 프로세스를 만드는 것이다. 현재의 프로세스로 만족시키지 못한 것을 데이터로 분석해보면 문제를 일으킨 원인을 찾아낼 수 있다. 이를 위해 통계 전문가를 양성해 문제의 근본 원인을 풀게 하고 경영품질을 높인다. 시행착오를 줄이고 역량의 집중과 상승을 극대화하는 것이다.

이와 같은 고객 CTQ의 명확화가 경영혁신 성공의 80%를 좌우한다고 한다. 하버드대 마이클 투시만 교수는 "핵심 경쟁력(Core Competence)은 언제라도 핵심 경직성(Core Rigidity)으로 돌변할 수 있다"고 지적했다. 이는 시대의 변화에 따라 핵심 역량과 혁신 사이에서 적절한 균형을 찾아야 한다는 지적으로 받아들일 수 있다.

기술 혁신의 대표 연구소인 제록스의 팔로알토연구소는 세계 최초로 개인용 컴퓨터(PC)의 기반이 되는 기초 기술을 개발했다. 그러나 정작 PC 상용화를 이뤄낸 것은 애플컴퓨터였다. 팔로알토연구소는 '기술을 위한 기술'만 있었지 '상품을 위한 기술'은 없었기 때문이다. 기업에서 중요한 것은 혼자만의 목표가 아니라 고객의 역린을 건드리지 않는 것을 전제로 한 초일류 목표이다. 고객의 요구와 만족을 등한시하면 결코 일류가 될 수 없다는 사실이 여기서도 드러난다. PC 기술이라는 핵심 역량이 고객의 요구를 도외시한 채 핵심 경직성으로 바뀐 탓이다.

고객 개개인의 가치를 존중하지 못하는 기업은 이제 생존할 수 없다. 기업의 목적이 이익 실현이 아니라 고객가치 창출로 바뀐 지 이미 오래다. 품질에 대한 개념도 '생산자가 말하는 품질'이 아니라 '고객이 인식하는 품질'이어야 한다. 그런데 고객 개개인은 품질, 즉 가치를 각자 다르게 느낀다.

따라서 기업들은 고객 개개인의 독특한 개성을 고려한 생산
으로까지 영역을 확대하지 않으면 안 된다.

고객가치 혁신을 위해서는 제조품질을 뛰어넘어 경영품질
에 무게 중심을 두어야 하며 특히 사무, 개발, 마케팅 등 지
식품질의 향상을 더욱 중요하게 생각해야 한다. 전 세계 고
객이 가장 중요하다고 생각하는 것을 앞서서 파악하고, 남보
다 더 높은 수준으로 만족시키는 것이 기업의 최고 목표이자
역량이 된다. 이것을 제대로 해낼 수 없는 기업은 스스로의
역린을 건드려 시장에서 사라져갈 수밖에 없다.

Innovation Tool

'알맹이'를 골라내는 도구, PLC ABC의 활용

한 기업이 핵심 역량을 갖춘다는 것은 자기만족적 과제가 아니다.
"이제 나도 '필살의 무기'를 가졌다"고 강변해봐야 시장에서 평가를
통해 인정받지 못하면 아무 소용이 없다. 따라서 기업 활동의 결과물
이 시장, 특히 고객과의 관계를 강화하는 데 어떤 가치를 발휘하는가
를 측정, 평가하는 일이 중요하다. 이에 따라 핵심이 되는 것만을 선

택하여 거기에 집중해야 한다.

PLC ABC(Product Life Cycle ABC)는 기업 활동의 제반 영역에서 무엇이 핵심이고 어떤 것을 강화하거나 버려야 할지를 측정, 평가하는 데 유용한 도구이다. 또한 어떤 제품 모델이 개발됨으로써 기업에 얼마만큼의 이익을 가져다주었는지 그 기여도를 살펴볼 수 있게 해준다. 예컨대 한 달 동안 한 품목의 매출이 얼마인지만 보는 게 아니라, 한 협력업체와 5년간 거래를 했을 때 이 협력사가 우리 회사가 이익을 내는 데 얼마만큼 기여했는가를 파악하는 식이다.

이것을 80:20의 법칙에 따라 분석해보면 20%의 품목이 80%의 매출과 이익을 차지함을 알 수 있다. 거래선도 20%의 거래선이 80%를 먹여 살리고 나머지는 적자로 허덕인다. 이에 따라 A급, B급, C급으로 나누어 A급을 우량 협력사로 관리한다. 실질적으로 이익과 매출에 기여하는 거래선만을 활용하고, 그쪽에 대한 서비스를 최고로 제공해주기 때문에 품질이 확실해지는 결과를 낳는다.

삼성SDI를 혁신할 때 나는 이 방법론을 크게 적용했다. 삼성SDI의 전화 부품 생산이 9년간 적자를 기록하다가 이 방법을 통해 큰 개선을 이룰 수 있었다.

낡은 껍질을 벗겨내지 못한 조직은 죽는다

이브를 부추겨 금단의 열매인 선악과를 따먹게 한 것이 뱀이다. 뱀이 지혜로운 동물로 여겨지면서도, 교활하다는 이미지가 더 강한 건 이 때문이다. 모든 유전자의 최대 목표는 자기 보존과 재생산이다. 뱀의 교활함도 유전자에 각인돼 있다.

뱀은 변온동물이어서 자체적으로 체온을 조절하지 못한다. 추위를 이겨내고 살아남으려면 상황에 적응하는 수밖에 없다. 또한 뱀은 척추동물 가운데 유일하게 탈피를 한다. 즉 허물을 벗는다. 뱀의 바깥쪽 피부인 상피는 케라틴이란 각질의 물질로 덮여 있어, 상피가 굳어지면 상피 아래의 진피가 자랄 수 없게 된다. 그래서 상피는 일정한 간격으로 허물벗기를 계속해야 한다. 그러지 못하면 비늘이 단단하게 굳어버리고 피부가 찢어져 결국 뱀은 죽게 된다.

기업도 이와 같다. 낡은 조직, 낡은 문화가 새로운 성장의 동력을 가로막으면 무너지게 된다. 끊임없이, 계속해서 낡은 허물을 벗겨내야 한다.

성공할 때까지
변화를 추구한다

변화 관리, DNA까지 바꿔라

"아버지는 깡충깡충 뛰는 벼룩을 잡았다.

아버지는 그 벼룩을 기다란 유리병 속에 넣었다.

유리병 속에 들어간 벼룩은 깡충 뛰었다. 그것은 놀라운 점프력

이었다.

제 키의 백배도 더 되는 포이의 유리병을 훌쩍 뛰어나와 버리는

것이 아닌가.

아버지는 다시 벼룩을 잡아서 유리병 속에 가두었다.

그리고 이번에는 유리병 뚜껑을 살짝 덮었다.

물론 이번에도 벼룩은 탈출을 시도했다.

그러나 애석한지고!

유리병 뚜껑에 콩콩 머리를 부딪치게 되자

벼룩은 이내 다소곳해졌다.

얼마 후 아버지는 유리병 뚜껑을 내려놓았다.

그리고 손바닥으로 탁 쳐서 벼룩을 놀라게 하였다.

벼룩은 놀라서 깡충깡충 뛰었다. 그러나 보라!

유리병을 벗어날 수도 있었던 천부의 점프력을 지닌 벼룩이 유리병 뚜껑의 그 아래 높이만큼만 뛰어오르는 것이 아닌가.

아들이 물었다. "아버지 웬일이지요?" 아버지가 대답했다.

"더 이상 점프할 수 있는 능력을 잃어버렸기 때문이다.

스스로 정한 높이까지만 점프하는 습관이 들어버린 것이야."

아버지는 아들에게 결론을 말했다.

"네 능력이 무한하다는 것을 믿어라. 혹시 무한히 열려 있는 하늘을 네 스스로 천장 치는 일은 없는지 생각하며 살기 바란다."

제법 긴 이야기를 인용했다. 정채봉 시인의 《나는 너다》라는 책에 나오는 이야기다. 많은 사람이 실제 이 이야기에 나오는 벼룩처럼 행동한다. 자라 보고 놀란 가슴 솥뚜껑 보고 놀라는 게 인간의 심리다. 영어 속담에도 불에 덴 아이는 불을 무서워한다(A Burnt Child Dreads the Fire)는 말이 있지 않은가.

　사람의 의식이 변하지 않는 건 고정관념 때문이다. 자기의 인생 경험과 학습한 내용, 집안에서 어떤 교육을 받았느냐에 따라 사람은 고정관념을 갖게 된다. 인식의 필터에 의해 자기와 맞지 않는 건 잘 받아들이지 않는다. 혁신은 고정관념을 바꾸는 데서 시작되고 결국 DNA까지 바꿀 정도까지 되어야 성공한다.

그러나 사람이나 조직은 속성상 금세 바뀌지 않는다. 옛 관성에 휩쓸려 다시 원래 자리로 돌아가려는 경향이 있다. 좀처럼 고정관념의 천장을 뚫고 새 하늘로 날아오르지 못한다. 조직의 시스템뿐 아니라, 구성원의 사고방식과 조직 문화가 변화의 목표에 이를 때까지 지속적으로 관리하는 것, 이를 '변화 관리' 라고 한다.

"공감 없는 변화는 방관을 낳고, 신념 없는 변화는 회의를 낳는다"

GE 잭 웰치 회장의 혁신과 삼성의 혁신을 비교해보면, 그 방법에 약간의 차이가 있다. GE의 잭 웰치 회장은 직원들을 설득하고 교육하는 것만으로는 안 된다고 보았다. 그래서 워크아웃(Workout)을 하고, 1등과 2등이 아니면 자르겠다며 계속해서 위기의식을 불어넣었다.

삼성은 회장이 앞장서서 "이대로 가면 망한다"고 설파하면서 변화를 시작했다. 왜 망하게 되는지를 몇 달 동안 끊임없이 이야기했다. 최고경영자와 핵심 간부의 인식 수준을 맞추는 데서 시작한 것이다. 삼성의 신경영 방식은 "내가 말하는 것을 못 믿겠거든 가서 보라"는 것이다. "자동차 회사든 비행기 회사든, 일본에 가면 마쓰시타든 소니든 가서 보라. 과연 우리가 이대로 살아남을 것 같은가?" 우리가 어떻게 하면 망하게 될지, 그 반대로 일류가 되면 어떤 일이 벌어질지를 직접 보고 느끼게 한 것이다. 이를 통해 변화를 이끌어가야 할 리더들이 먼저 생각을 바꾸도록 유도한 것이다. 그들이 생각을 바꾸면 나머지는 저절로 돌아갈 것이기 때문이다.

사실 삼성의 혁신도 근본적으로는 GE의 혁신과 크게 다르지 않다. 워크아웃이라는 명칭만 없었을 뿐이지 비슷한 측면이 많다. 하지만 근본적인 차이가 하나 있으니, 그건 바로 사람을 대하는 태도다. GE는 최고경영자가 나서서 설득하기보다는 스스로 문제를 끄집어내게 하고, 뒤처지는 사람은 탈락시키는 방식을 썼다. 삼성은 사람들의 생각을 바꾸고 체득하게 하는 데 초점을 맞추었고, 뒤처진 사람들은 쉬게 하고 먼저 올라가는 사람들은 승리하게 만들어줬다.

이런 차이에도 불구하고 GE나 삼성의 혁신은 모두 성공적이었으니, 그 핵심에 바로 '변화 관리'가 있다. 혁신에 실패하는 데는 여러 이유가 있다. 절박한 위기의식을 조성하는데 실패하거나, 강력한 개혁 주도 그룹을 형성하는 데 실패하면 혁신은 좌절된다. 비전이 결여되어 있거나 비전을 전파하는 것이 미흡해서 실패할 수도 있다. 비전을 실천하는 과정에서 나타나는 장애물을 방치하거나, 단기간 내에 가시적 성과를 내지 못하거나, 너무 일찍 승리를 선언해 지속적인 변화를 이뤄내지 못해도 혁신은 실패한다.

변화가 기업의 문화로 정착할 때까지 혁신을 계속하지 않으면 안 된다. 공감 없는 변화는 방관을 낳고 비전 없는 변화는 혼란을 야기한다. 신념 없는 변화는 회의를 갖게 하고 실천 없는 변화는 좌절하게 만든다. 이 모든 혁신 과정을 체계적으로 지휘하는 것이 변화 관리다.

변화 관리는 전 임직원이 의식과 행동 양 측면에서 변화의 방향을 공감하여, 그것에 동참하고 실천할 수 있도록 지원하는 체계적인 활동이다. 변화 관리란 변화에 적응하기 위한 필요충분조건과 조직이 현재 보유한 조직 능력의 차이를 극복하기 위한 노력이다. 그 핵심은 조직 구성원의 의식 구조와 조직 문화의 혁신이다. 일체유심조(一切唯心造)라는 말이 있다. "세상 모든 것은 마음먹기에 달려 있다"는, 즉 생각이 바꿔면 모든 게 바뀔 수도 있다는 뜻이다. 그렇다면 어떻게 해야 생각이 바뀌는가?

1993년 삼성 신경영을 추진할 때, 이건희 회장은 앞으로 세상이 어떻게 변할지, 우리나라와 삼성 각 계열사는 현재 어디쯤에 서 있으며 상황을 얼마나 모르고 있는지를 알자고 설파했다. "세계 일류 기업의 기술력이 어떻게 바뀌어가고 있고 경영의 개념 자체가 어떻게 바뀌고 있는가? 등허리에 진땀이 바싹바싹 날 정도로 변하고 있는데 여러분들은 변화를 못 느끼고 있다."

그렇다. 변화의 시작은 '위기감'이다. 소설 《상도》에 '계영배' 이야기가 나온다. 계영배는 잔의 70%를 넘게 채우면 술이 모두 밑으로 흘러내려버리는 잔이다. "70%밖에 못 채운다"고 생각해야 술이 남아 있게 되는 것이다. 경영도 이런 방식으로 생각해보는 게 좋다. 초일류를 벤치마킹해서 우리가 과연 초일류인가를 항상 확인해보고, 이를 통해 전사적 위기의식을 조성해야 한다. 그리고 변화의 추진 세력으로서 자생적 변화 불씨가 조직 내에서 생겨나도록 해야 한다.

처음부터 한꺼번에 다 할 수는 없는 법이다. 조직에서 누구누구를 강제로 선발해서 불씨를 붙이면 안 된다. 그냥 지켜보면서 변화에 동참할 사람이 자생적으로 생기면 이를 수용해서 자연스럽게 흘러가게 해야 한다.

이것이 기본이다. 변화의 불씨가 자발적으로 일어나야 혁신이 성공한다. 그리고 불씨를 전파할 전문가 집단이 필요하다. 그 다음엔 그 변화의 뒷다리를 잡는 사람이 없도록 해야 한다. 반대야 할 수 있지만 뒷다리는 잡지 않도록 해야 하는 것이다. 삼성에는 이른바 '뒷다리론'이란 게 있다. "한 방향으로 가자. 뛸 사람은 뛰고 걸을 사람은 걷자. 뛰는 사람은 앉아 있는 사람 비웃지 말고 앉아 있는 사람은 뛰는 사람에게 박수를 쳐주자. 누워 있는 사람은 길바닥에 눕지 말고 옆에 누워 있자. 그러나 뒷다리는 잡지 말아야 한다." 이러한 마인드와 조직 문화가 삼성 신경영의 성공 토대이다.

2002년 한일월드컵에서 히딩크 감독이 이끌던 국가 대표 축구팀은 어떻게 우리에게 4강 신화를 보여주었는가? 자신감을 가진 선수와 신뢰로 믿어주는 감독, 그리고 "괜찮아 괜찮아" 하며 격려하는 관중들의 3박자가 모여 성공한 것이다. 조직의 변화도 이런 방식이어야 한다.

Who to Do의 시대, 누가 변화 주도자인가?

지금은 '어떻게 할 것인가(How to Do)'를 지나 '누가 할 것인가(Who to Do)'의 문제가 대두된 시대이다. 이러한 시대에는 밑에 있는 사람들이 변화의 주체라는 생각을 가져야 된다. 어느 조직이든지 너희들이 잘못했으니 고치라고 '이야기만' 해서는 안 된다. 그럼 스스로 "나는 종(從)이야. 시키는 대로 해야지"라고 생각하게 되어 혁신은 실패한다. 스스로 목표를 세우게 하고 스스로 실행하게 하고, 잘하면 칭찬해줘야 한다. 그래서 모든 일에서 혁신의 주체가 되도록 해야 한다.

아이디어를 내는 것이 제안 활동이다. 제안이란 자신이 주인이라고 생각할 때 나온다. 주인 정신이 없는 사람은 제안이나 개선점을 찾을 수가 없다. 이것이 제안 활동의 원점이다. 상금을 주면 건수는 늘지만 본질이 변질될 수 있다.

종(從)이 아닌 주인(主人)만이 변화의 불씨가 된다. 변화의 성공을 위해서는 임직원이 스스로를 혁신의 대상(객체)으로 생각하게 할 것인가, 주인의식을 갖추고 '혁신의 주체'로 생각하게 할 것인가가 중요하다. 만사에 주인이 되어야 한다. 한 사람 주인의 눈이 열 사람 종의 눈보다 밝다고 한다. 주인과 종의 차이점은 사명감, 주인의식, 책임의식이 다르다는 것이다. 주인을 나타내는 주(主) 자는 등잔이 접시 위에서 불타고 있는 모습으로 '일정 기간 머물러 책임을 지는 자'라는 뜻이며 등불 주, 임금 주, 주인 주로 읽는다. 종(從)은 좇을 종으로 읽으며, 사람이 사람의 뒤를 따르는 형상을 나타내며 따르다, 복종하다, 남의 말을 듣고 남을 좇아간다는 뜻이다.

기업 경영자는 '내부 사람은 못 쓸 사람'이라고 생각해서는 곤란하다. 안에 있는 사람을 믿어야 한다. 변화와 혁신이 시작되면 분명히 내부에서 한두 명의 불씨가 나타난다. 대개의 경우, 최선의 혁신 방법론도 조직 안에 이미 존재한다. 현장 사람이 문제도 제일 잘 알고 방법론도 제일 잘 안다. 사실 외부 컨설팅 회사의 컨설팅 결과 보고서를 보면, 내부 사람들로부터 문제점 및 대안을 듣고 그것을 잘 정리하고 다시 제시한 것에 불과하다. 사실 어떻게 외부 사람이 그 짧은 기간 동안 조직의 모든 문제점과 대안을 파악할 수 있겠는가? 이미 조직 내에 답이 있기 때문이다. 최고경영자는 불씨와 함께 동고동락하고 운명을 같이하여 작은 불씨가 큰 불길로 번져나가게 해야 한다. 이것이 변화 관리의 요체이다.

18세기 후반 막번 체제(幕藩體制)의 에도 시대, 요네자와 지방의 17세 청년 번주의 이야기를 해보자. 번주가 자기 나라 국경선 너머의 불이 꺼져 삭막하고 피폐해진 나라를 보고 절망 속에서 고심하고 있을 때였다. 우연히 그는 꺼진 줄 알았던 가마 화로 속에서 아직 남아 있던 불씨를 발견했다. 그 불씨를 이용해서 화로를 다시 피어나게 했다. 순간 깨달음을 얻은 번주가 사람들에게 말했다. "한 사람 한 사람이 불씨가 되어주기 바란다. 우선 자신의 가슴에 불을 붙여주기 바란다. 그리고 타인의 가슴에도 그 불을 옮겨주기 바란다. 그러기 위해서는 나도 자신을 불태우겠다."

어떤 조직에도 불씨는 있게 마련이다. 내부 사람들의 마음 속에 우리가 원하던 불씨가 있다.

CEO는 스토리텔러이자 현장 감독

변화 관리는 우선 최고경영자의 몫이다. 최고경영자가 최초의 불씨가 되어야 한다. 변화의 과정을 독려하고 거기에 참여해야 한다.

미국 미시건대 조벽 교수는 개혁에는 세 단계가 있다고 했다. 첫째는 필요성에 대한 합의(Demand)이고 둘째는 결과에 대한 합의(Vision)이며 셋째는 개혁 방법에 대한 합의(Methodology)이다.

CEO는 사내 강사로서 변화의 필요성과 혁신의 철학, 방침 등을 끊임없이 전파하는 스토리텔러(Story Teller)가 되어야 한다. 삼성 신경영 초기에 이건희 회장은 사장단뿐 아니라 전 임직원을 대상으로 엄청난 직강을 통해 신경영에 불을 댕겼다. 담론을 형성하고 그것을 전파하는 데 최선을 다한 것이다. 물론 변화와 혁신이 그것으로 완성되지는 않는다. 구호를 넘어서는 지속적 실천이 필요하다. 뱀이 허물을 벗듯이 혁신 방법론을 끈질기게 추구하고, 그 과정을 점검하고 확인해야 한다. 당연히 CEO는 현장의 목소리, 현장의 움직임에 민감할 수밖에 없다.

오늘날 혁신 성공의 교본으로 도요타의 TPS(Toyota Productivity System)를 많이 든다. TPS는 3현주의로 유명하다. 3현주의는 현물(現物), 현지(現地), 현실(現實)을 말한다. 일본 도요타의 쇼이치로 명예회장의 "현장을 눈으로 보았는가!"는 혁신 추진의 교훈으로 새겨둘 만하다. 100가지 과제가 있으면 몇 가지라도 현장에 가서 확인하고 상과 벌을 주면 누구든지 보고할 때 걱정하게 된다. "내가 하는 일도 반드시 확인하러 올 것이다." 이렇게 생각할 때 비로소 변화가 시작된다. 아무 의식 없는 현장 직원들을 변화의 주체로 세워나가는 과정이 이것이다.

현장 중시라는 말을 단지 제조 현장의 변화에 국한하는 것으로 오해해서는 안 된다. 현장주의라는 것은 곧 현실의 리얼리티를 얼마만큼 정확하게 파악하고 치열하게 구현하느냐의 문제이기 때문이다. 혁신은 오히려 인사 및 총무 등의 관리 부서에서 시작된다. 제조 현장 부서가 인사나 총무 부서에 협조를 요청했는데 이들 부서에서 정체되면 CEO의 공든 탑이 무너지기 때문이다. 그러므로 인사와 회계 부서에 변화의 바람을 일으키는 것이 매우 중요하다. 현실에서는 이들 부서가 최후까지 변화의 사각지대에 있는 경우가 많다. 이들은 조직의 룰과 프로세스를 지키는 것을 목적으로 하기 때문에 룰을 들이대며 혁신을 거부한다.

맨 먼저 인사를 바꾸고, 그 다음엔 회계를 바꾸고 그 뒤에 현장을 바꾸어야 한다. 그렇게 하지 않으면 인사와 회계 등 관리 부서에서 혁신이 커다란 장벽에 부딪치게 된다. 혁신은 룰을 깨자는 것이고 룰을 벗어나자는 것이다. 이들을 먼저 바꾸지 않으면 갈등이 지속될 수밖에 없다.

CEO는 무엇을 하든 잘하려고 하지, 잘못하려고 하지 않는다. 그러나 대개 인사 부서나 관리 부서의 사람들은 스스로를 잘 바꾸려 하지 않는다. 이런 직할 부대를 어떻게 잘 관리하느냐가 변화 관리에서 가장 중요하다.

"백번 듣는 것이 한 번 보는 것만 못하고, 백번 보는 것이 한 번 행함만 못하고, 백번 행함이 한 번 성과를 낸 것만 못하다(百聞不如一見, 百見不如一行, 百行不如一得)"는 말을 기억해야 한다.

6시그마 혁신을 한 회사들의 이야기를 들어보면, 우리 회사는 몇 단계를 진행했고, 전문가 몇 명을 양성했고, 추진 과제가 몇 개라는 자랑은 많이 하지만, 얼마나 이득을 얻었는지에 대한 것은 없다. 현장에서 실행을 확인할 수 있어야 효과적인 변화와 혁신이다. 그래서 CEO는 현장 감독과도 같은 실무 감각과 시야를 확보하고 있어야 한다.

찰스 다윈은 《종의 기원》에서 "지구상에서 살아남은 종족은 가장 강한 종족도 아니고 가장 지적인 종족도 아닌, 가장 환경 변화에 잘 적응한 종족이다"라고 말했다. 변화의 선두에서 변화를 창조하고 활용하는 조직(개인)은 발전하고 그렇지 못하면 도태될 것이다. 즉 지속적인 변화를 추구하고 그것을 성공으로 이끌어낼 변화 관리가 핵심이다. 1997년 IMF 위기에 이어 최근 또다시 위기론이 대두되는 것도 바로 변화 관리에 대한 공감에서 문제가 생긴 탓이 아닐까 생각한다.

끈질기게 그러나 온유하게

많은 경영자가 '변화는 내가 추진하고 밑에 있는 사람들은 따라오면 된다'고 착각한다. 이것이 변화와 혁신이 실패하는 최대 요인인데도 말이다. 밑에 있는 사람들이 함께 느끼게 하기 위해 문제를 찾아내는 과정부터 문제는 무엇이고, 어떻게 해야 문제를 풀 수 있으며, 현재 누가 제일 잘하고 있는지 등을 논의하는 자리를 만드는 게 중요하다. 그게 바로 GE의 워크아웃이다.

선진 기업과 우리나라 기업의 차이가 이것이다. 우리나라 기업은 누군가가 시나리오를 만들어주면 그것을 실행하는 데서 문제가 끝난다고 생각하는 경향이 있다. 그러나 선진 기업은 낮은 경쟁력과 불량 등 직면한 문제에 대해 관련자들이 전부 모여서 논의하고, 해결책이 안 보이면 그 다음 주 또 그 다음 주에 모여서 끝장을 본다. 워크아웃은 2박 3일이 걸리더라도 해답이 나올 때까지 난상토론을 하는 것이다. 그렇게 해서 결론이 나면 모든 관련자들이 협력해서 문제를 해결해나간다.

마쓰시타 회장은 "당신은 어떻게 하는 일마다 성공합니까"라는 질문에 이렇게 대답했다. "나는 성공할 때까지 합니다." 이 장의 서두에서 뱀의 특징에 관한 이야기를 했지만 선진 기업들은 그토록 집요하다. 이런 특성이야말로 우리 기업들이 하루빨리 갖추지 않으면 안 되는 자세이다.

그러나 이런 집요함 못지않게 중요한 것이 또 있다. 바로 온유함이다. '온유'는 내 인생의 좌우명이기도 한데, 그것은 참을성을 가져야 한다는 것과도 같은 맥락이다. 물고기가 바늘을 물도록 강제할 수 있는 사람은 없다. 그저 낚싯대를 드리우고 물고기가 미끼를 물도록 기다려야 한다. 그런 의미에서 CEO의 최고 미덕은 인내와 느긋함인지도 모른다.

조직 전체가 한마음 한뜻이 되기 위해서는 기다림 속에서 오래도록 정성을 쏟아야 한다. 달걀을 스스로 깨고 나오면 병아리가 되지만 남이 깨주면 프라이가 되는 것과 같다. 핵심은 위에 있는 사람들이 밑에 있는 조직이 자율적으로 움직일 때까지 설득하고 기다리며 분위기를 조성하는 것이다. 강제로 하면 반드시 뒤로 돌아간다. 이것이 타율적(他律的) 변화와 자율적(自律的) 변화의 차이이다.

진인사대천명(盡人事待天命)이라고 했다. 어떤 어려운 일이라도 모든 힘과 모든 지혜, 모든 정성을 모으면 이루지 못할 것이 없다.

"일할 때는 영원히 살 것처럼 하고, 인생을 살 때는 오늘 죽을 사람처럼 하라"는 말도 있다. 오늘이 마지막 날이라면 무엇을 하면서 어떤 자세로 살 것인가, 진지하게 생각해보아야 한다.

주어진 기회를 가장 소중히 생각하며, 생명처럼 시간을 아끼고 하늘을 우러러 한 점 부끄럼 없이 최선을 다했다고 말할 수 있다면, 우리 모두가 삶의 승리자가 될 수 있다. 그러므로 '진인사' 하기 전까지 혀를 내두를 정도의 집요함으로 문제와 끈질기게 맞서야 한다.

인간은 세상에 태어날 때 사명(使命)을 받고 태어난다. 나를 위해, 가족을 위해, 국가와 민족을 위해, 나아가 세계를 위해 무엇을 할 것인지 그 임무를 부여받는다. 주인의식은 바로 이 사명감에서 비롯된다. 주인은 불평이 없이 스스로 책임을 지며 일한다. 종의 의식을 가진 자는 항상 불평불만만 가득해 자기뿐 아니라 주위를 해롭게 한다.

임직원을 혁신의 대상인 객체로 보지 말고 혁신의 주체로 보라. 자부와 긍지로 주인의식을 갖게 하라. 그래야 혁신이 기쁨이 되고, 반드시 이뤄야 할 진짜 과제가 될 수 있다.

일본 TDK의 IPS

내가 삼성SDI에 재직할 때 브라운관 가격이 3분의 1로 떨어져 위기에 직면한 적이 있다. 이 위기를 어떻게 극복해야 할지 고민하면서 전례를 찾기 시작했는데, 마침 10년 전에 우리와 유사한 위기를 극복하고 살아남은 일본의 TDK를 알게 되었다. 삼성SDI는 TDK의 사례를 통해 위기 극복의 열쇠를 발견했다.

TDK는 오디오테이프를 만드는 회사로 한때 큰 수익을 올렸다. 당시는 일본이 전 세계 오디오테이프 시장을 독점하다시피 하고 있었다. 그런데 1970년대 한국의 선경, 새한미디어, LG 등이 기술을 모방해 품질은 부족해도 값이 싼 제품을 동시에 출시하자 오디오테이프의 시장 가격이 3분의 1로 떨어졌다. 이때 TDK는 어떻게 위기를 돌파했을까?

TDK의 경우 공장이 가고시마라는 시골에 있었고, 직원들은 주로 공장 주변의 시골 사람들이었기 때문에 다른 기업처럼 공장 이전은 꿈도 꾸지 못할 형편이었다. 그래서 그들은 '그렇다면 바로 이곳에서 문제를 풀어보자'는 생각을 했다. 최고의 조건을 만들어 불량도 하나 안 나고, 설비고장도 안 나고, 자재를 집어넣으면 1년 365일 24시간 동안 쉬지 않고 양품이 나온다면 이익을 낼 수 있지 않을까 하는 판단이었다. 365일 24시간 공장을 가동하고 100% 양품이 생산되었을 때의 이익을 계산해보니 이익률이 거의 50%에 육박한다는 걸 알게 되었다. 자재에서 품질 관리까지 엄청난 효율을 가져와 높은 사업경쟁력을 확보할 수 있으리라는 결론을 얻었던 것이다. 그러나 신이 아닌 이상 어떻게 그런 일이 가능할까? 그래서 그들은 이념 목표(Ideal Target)를 설정해놓고, 최대한 그에 근접하게 한번 해보자고 결정했다. 이것이 바로 IPS(Ideal Production System)의 시초였다.

보통 설비 메이커는 만약을 대비해 안정된 수치를 적정 수치로 정해놓는다. 엘리베이터나 자동차의 경우도 80% 정도만 규정해놓고 있다. 이에 착안한 TDK 마쓰지마는 모든 기계를 설비 정격대로 100% 가동하자고 제안했다. 처음에는 아무도 해본 적이 없는 일이기 때문에 기계가 고장 난다는 등 반대가 있었으나 실제 정격대로 돌려도 별 탈이 없었다. 이후 몇 달 안 되어 마쓰지마는 설비를 만들 때 20~30% 정도의 안전계수라는 것이 있으니 120%까지 가동해도 괜찮을 거라 생각하고, 설비 정격보다 더 높은 속도로 사출기를 돌렸다. 이 전략도 예상대로 성공이었다.

이렇게 극한을 추구하자 공장의 생산성이 엄청나게 올라갔다. 가령 프레스 작업 시 1분에 400회 생산이 스펙이라면 대개 60~70% 가동한다. 그렇기 때문에 생산성이 떨어지는 것이다. 그러나 TDK 사출공장에서는 480개를 찍었다.

이 혁신을 통해 TDK는 위기를 극복하고 3년 만에 세계 최고 품질의 제품을 세계에서 가장 저렴한 가격으로 생산하는 데 성공했다. 그 결과 한국에서는 오디오테이프 업체들이 거의 사라졌다.

TDK의 성공은 구성원들에게 위기 극복의 동기를 부여하고 목표와 비전에 대한 공감을 이끌어내며 새로운 방법론을 도입해 극한까지 실천한 결과였다.

우리 기업들도 이런 집요함을 배워야 하며, 각 기업의 조건에서 IPS를 시도해보려는 자세가 필요하다.

말

도전의 최일선에 설 천리마 인재를 키워라

말은 빠르다. 스피드 경쟁 시대에서 그것은 승리의 상징이다.

말은 도전적이다. 그래서 "어려운 일은 말띠에게 맡기라"는 속설도 있다. 이와 같은 도전적 성향은 어떤 어려움 앞에서도 포기하지 않는 백전불굴의 정신을 나타낸다.

천리마는 하루에 천 리를 달린다. 천리마는 한 끼에 한 섬의 곡식도 먹어 치운다. 그러나 말을 먹이는 자가 천리마를 알아보지 못하면 제대로 먹여주지 못하므로 천리마의 재능을 올바로 살릴 수 없어 보통 말처럼 죽어가게 한다. 채찍질을 하되 도리로써 하지 않고, 먹여주되 재능을 다 발휘하게 하지 못하고, 울어도 그 뜻을 이해하지 못하면 천리마도 그 참모습과 참 역량을 드러내지 못한다.

기업도 사람이 핵심이다. 인재를 어떻게 채용하고 양성할 것인가? 천리마와 같은 인재를 발굴하는 일에 기업 미래의 성패가 달려 있다.

기업의 미래는
인재 양성에 달렸다

승자의 조건이 바뀌었다

앞장에서 이젠 시대가 How to Do에서 Who to Do의 시대로 변했다는 이야기를 했다. 그런데 이것은 단지 변천된 시대적 특징을 묘사하는 데 그치지 않는다. 본질적으로 시대 변화에 따라 승자의 조건도 바뀌어왔음을 나타내는 말이다.

1980년대 이전만 하더라도 '무엇을 가지고 사업을 할 것인가'라는 'What to Do'가 기업 경영자에게 가장 큰 화두였다. 그러다 보니 기업은 사업 기회를 찾기 위해 정부에 드나들며 정부가 계획한 새로운 산업 분야가 무엇인가를 알아내려고 했다. 또 특혜를 받으며 할 수 있는 사업 분야가 무엇인지 찾고는 했다. 결국 정경 유착으로 사업 기회를 잘 잡은 사람은 돈을 벌었고 그렇지 못한 사람은 아무리 열심히 일해도 돈을 못 버는 불합리한 시대였다.

그러나 1980년대 들어서는 상황이 달라졌다. 누구나 정보를 접할 수 있는 시대가 되면서 'What to Do' 시대는 막을 내렸다. 이제는 한 사람이 눈먼 사업 기회를 먼저 잡을 수 있는 시대가 아니다. 모든 사람에게 정보와 기회가 열려 있기 때문이다.

해마다 전 세계의 수많은 전문 기관이 "미래 유망 기술과 유망 제품은 무엇인가"라는 주제 발표를 한다. 그런데 그 내용을 살펴보면 대부분이 비슷비슷하다. 미국에서 발표한 것이나 일본에서 발표한 것이나 한국에서 나온 것이나 별반 차이가 없다. 이는 "같은 것을 하더라도 어떻게 하는가", 즉 남보다 경쟁력 있게 하는 방법, 'How to Do'의 시대가 되었음을 의미한다.

그로부터 또 10년이 지났다. 요즘엔 "인재 전쟁"이라는 표현이 널리 쓰인다. 이는 'How to Do' 시대에서, 'Who to Do', 즉 '누가 할 것인가'의 시대로 또 한 번 상황이 달라지고 있다는 얘기다.

2003년 7월 산업자원부가 주최한 차세대 성장 동력 산업을 위한 국제회의가 우리나라에서 열렸다. 이 회의에 참석한

기 소르망과 존 나이스비트 등 세계적인 석학들은 "사회 변화의 속도가 너무 빨라 앞으로 어떤 산업이 유망할지 알 수 없다"고 입을 모았다. 그들의 결론은 이랬다. "선진 한국의 성장 동력은 교육을 통한 인재 양성밖에 없다."

2004년 1월 스위스 다보스에서 "2014년의 세계, 기업을 다시 생각한다"라는 주제로 포럼이 열렸다. 발제자로 나선 마이클 포터 교수는 "노동력 부족으로 기업의 고용 형태가 크게 달라져 고급 인력은 프로 야구의 프리 에이전트처럼 회사를 골라 다닐 것"이라고 예견했다. 네슬레의 브라벡 회장은 "앞으로 10년 후 기업 CEO의 가장 중요한 일은 종업원들이 가진 능력과 꿈을 현실화해주는 게 될 것이다. 그러지 못하면 직원들이 회사를 떠날 것이다"라고 내다봤다.

그렇다. 우리는 이미 무엇을 할 것인가(What to Do), 어떻게 할 것인가(How to Do)가 중요했던 시대를 지나 누가 할 것인가(Who to Do)가 중요해지는 시대로 접어들고 있다. 변화의 가속화가 진전되면서 지식의 유용성이 1년만 지나도 사라지는 시대가 되었다. 과거 1980~1990년대는 무엇을 하면 될지가 뻔히 보였지만, 이제는 3~5년 뒤의 상황을 아무도 모르는 세상이다. 따라서 중요한 것은 미래에 어떤 변화가 닥쳐오더라도 그것을 능히 극복할 만한 능력을 갖춘 인재를 확보하는 일이다. 또한 그런 사람들이 맘껏 일할 수 있는 분위기를 조성하는 것이 더욱 중요해졌다. 시대의 변화를 읽고 대응하는 사람, 변화를 창출할 인재를 모으는 데 총력을 기울이지 않으면 기업의 미래 생존을 염려해야 하는 시대가 된 것이다.

톰 피터스의 《Wow 프로젝트》 시리즈 세 권의 부제목은 이렇다. "내 이름은 브랜드다", "나의 일은 프로젝트다", "우리는 프로페셔널 팀이다". 핵심 인재에 대한 시대적 요구를 잘 나타낸 표현이다. GE를 20여 년 동안 이끌어오면서 세계 제1의 기업으로 성장시킨 잭 웰치 회장은 "나는 내 시간의 70%를 인재 관리에 쓴다"고 했다.

핵심 인재 한 사람의 가치는?

스페인 프리메라리가 레알 마드리드의 미드필더였던 데이비드 베컴은 2006년 2060만 달러 연봉을 받았다. 우리 돈으로 자그마치 200억 원에 이르는 거액이다. 이에 반해 우리나라 프로 축구 선수 가운데는 연봉 1억 원이 안 되는 이가 수두룩하다. 혹자는 이를 보고 불평등하다고 주장할지도 모른다. 그러나 레알 마드리드 구단은 베컴에게 그렇게 많은 돈을 주는 것을 한 번도 불평해본 적이 없다. 베컴이 연봉에 걸맞은 부가가치를 생산한다고 보았기 때문이다.

물론 베컴이 그런 거액 연봉을 받을 수 있게 된 것은 세계화 덕분이다. 프리메라리가는 이제 전 세계인이 보는 스포츠가 되었다. 과거 같으면 유럽 지역에 그쳤을 중계 수수료가 지금은 전 세계에서 들어온다. 광고주들도 고만고만한 프로 축구보다는 세계적으로 유명한 프로 리그 선수들의 유니폼에 로고를 붙이고 싶어 안달이다. 투자액 대비 광고 효과가 크기 때문이다. 그런 시장에서 사람들에게 볼거리를 제공할 뛰어난 선수 한 명의 가치는 그저그런 선수 수천 명의 가치보다 높을 수밖에 없다.

그렇다면 뛰어난 스포츠 선수들은 실제 팀 성적에도 그만한 기여를 하는 것일까? 조지 샤프너라는 사람이 이런 의문을 갖고, 1997~1998년 시즌 미국 프로 농구 선수들의 성적을 실제로 계산해보았다. 시애틀 슈퍼소닉스 선수 15명의 득점을 조사한 결과, 상위 20%인 3명의 선수가 전체 득점의 63.1%를 올렸다. 상위 33%(5명)의 선수들이 올린 득점은 전체 득점의 74.9%나 됐다.

야구의 경우도 크게 다르지 않았다. 시애틀 매리너스팀의 상위 30% 선수들은 진루의 70.4%, 안타의 70%, 홈런의

78%, 타점의 74.4%를 올렸다. 그러나 단순히 득점 비율만으로 팀의 기둥이 되는 선수들의 가치를 계산할 수는 없다. 만약 이들보다 실력이 떨어지는 선수들만으로 팀을 구성했다면 어땠을까? 아마 득점 자체는 크게 줄지 않더라도 팀의 승률은 급격히 떨어졌을 것이다. 결국 이들이 팀의 선수 연봉 가운데 80%를 가져가는 건 당연하다.

우리나라에서도 스포츠 스타들의 연봉이나 연예인들의 방송 및 영화 출연료가 너무 비싸지 않느냐는 소리가 언론에서 자주 흘러나온다. 그러나 그것은 가십거리는 될 수 있을지언정 논쟁거리가 될 수는 없다. 그것은 극히 자연스런 흐름이다. 단지 사람들의 인식이 시대 변화를 따라가지 못하고 있을 뿐이다.

제조업이라고 다를 것인가? 정도의 차이는 있겠지만 본질적으로는 다르지 않다. 뛰어난 기술자 한 명이 개발한 신기술이나 뛰어난 마케팅 전문가 한 명의 창의성이 기업에 안겨줄 부가가치는 수백 명의 보통 사람이 안겨줄 부가가치와는 비교할 수 없을 정도로 크다. 기업들이 경쟁하는 시장이 그만큼 커졌기 때문이다. 이건희 삼성 회장이 "앞으로는 천재 한 명이 수만 명을 먹여 살리는 시대가 된다"고 한 것도 이런 맥락이다.

파킨슨의 법칙(Parkinson's law) 이란 게 있다. 시릴 파킨슨이 1955년 영국 〈이코노미스트〉에 각국의 공무원 수 증가 현상에 대해 쓴 풍자적인 글에서 따온 사회 법칙이다. "공무원의 수는 해야 할 일의 많고 적음이나 경중에 관계없이 항상 일정한 비율로 증가한다. 왜냐하면 책임자 공무원이 상급 공무원으로 올라가려면 부하 직원이 많을수록 좋기 때문이다." 파킨슨 법칙은 공무원 조직에 대해 말한 것이지만 꼭 거기에 국한되지는 않는다. 관료화된 조직은 사람 수를 늘리고 그에 맞춰 쓸모없는 일을 만들어낸다. 중요한 것은 양이 아니라 질이다.

기업의 성공은 천리마 같은 인재를 제대로 알아보고 키우는 능력에 달려 있고, 개인의 성공은 자기 안에서 천리마 같은 능력을 찾아 키우는 데 달려 있다고 해도 과언이 아니다. 관리를 잘하는 사람보다 리더가 중요한 시대가 된 것이다.

링겔만 효과와 인재 쓰기

임진왜란 당시 이순신 장군을 도와 전투를 승리로 이끈 사람 가운데 어영담이란 이가 있다. 어영담은 전직 현감으로서 전쟁이 터질 무렵에는 파직당한 상태였다. 이순신은 그를 수군 조방장으로 임명하도록 장계를 올렸다. 《난중일기》(1593년 윤 11월 17일)에는 이렇게 쓰여 있다.

"전 현감 어영담은 바닷가에서 자라 뱃길에 매우 익숙하고 영남과 호남의 물길 사정과 섬들의 형세를 또렷하고 상세히 알고 있을 뿐 아니라 적을 무찌르는 일에 몸과 마음을 다하였다. 작년에 적을 무찌르던 날에도 매번 선봉장으로 나서서 여러 번 큰 공을 이루었는데, 다른 사람에 비해서 내세울 만한 인재이므로 어영담을 이미 파직하였더라도 우선 수군 조방장으로 임명하여 끝까지 계획하고 방책을 세워 큰일을 이룰 수 있도록 장계했다."

핵심 인재라는 천리마를 외부에서 데려올 수도 있지만 우선은 조직 안에 있는 사람 개개인의 가슴속에 숨어 있는 천리마 같은 역량을 이끌어내는 것이 더 중요하고 필요한 일이다. 오합지졸도 장수 한 명만 바뀌면 무적이 된다. 많은 중소기업 최고경영자들이 "우리는 사람이 없다. 어디서 우수한 사람을 데려올 수 없느냐"고 한탄한다. 그렇지만 기업의 사정을 가장 소상히 알고 문제의 해결법을 찾아낼 사람은 역시 내부에 있다.

자기 사원들에게 믿음을 주고 무언가 하려고 할 때 더 잘할 수 있도록 도와주고, 모르는 부분이 있으면 교육을 시키는 것이 발전의 원동력이다. 자기 회사에 사람이 없고 인재의 질이 낮다고 하는 중소기업 임원이나 경영자에게 사내 문제를 사원들과 진솔하게 토론해본 적이 있느냐고 물으면 그런 적이 없다고 한다. 왜 그랬느냐고 하면 그 사람들이 무엇을 알겠느냐고 반문한다. 신뢰가 없다는 게 문제다. 종업원의 역할을 믿는 것이 기업 경영의 원점이 되어야 한다.

우선 지금 함께 일하는 사람들이 최고라는 믿음을 가져야 한다. 그리고 CEO가 그들을 위해 무엇을 도와줄지를 생각해야 한다. 미래산업 정문술 사장은 반도체 장비를 만들어 성공했는데, 직원 대부분이 공고 졸업자들이었다고 한다. 대졸자는 한 사람도 없었다고 한다. 그런데도 세계적인 반도체 장비를 만들고 돈도 많이 벌었다. 이른바 SKY 출신의 인재, 유학 다녀온 인재만이 최고라고 보지 않았다는 점이 중요하다.

삼성이 반도체 사업에 힘을 집중할 때 계열사에서 핵심 인재를 모았다. 그러면 사장들이 항의를 했다. 알맹이를 다 빼가 자기들 쪽에서는 일이 잘 돌아가지 않는다는 것이었다. 그러나 이건희 회장은 이런 불만을 일축했다. A급 인재를 빼가면 남아 있는 B급이 반드시 A급이 되고, A급에게 눌려 실력 발휘를 못했던 B급이 실력 발휘를 하고 분발하게 된다고 했다. A급을 데려가고, B급이 A급 되면 일거양득이 되지 않겠느냐고 했다. 실제로 삼성이 반도체와 자동차 사업에 진출할 때 그렇게 했는데, 이후 다른 계열사도 아무 문제없이 잘 돌아갔다. 똑같은 사람이라도 어떻게 쓰느냐에 따라 다른 것이다.

링겔만 효과를 안다면, 이건희 회장이 무엇을 강조한 것인지 쉽게 이해할 수 있다. 독일의 심리학자 링겔만은 집단 안에서 개인의 기여도를 알아보기 위한 실험을 하다 아주 흥미로운 현상을 발견했다. 줄다리기 실험을 해봤더니 1명씩 줄다리기를 할 때 내는 힘을 100으로 보면, 각 2명씩 할 때는 한 사람이 내는 힘이 100에 미치지 못하고 93에 불과하더라는 것이다. 한 편의 경기자를 3명으로 늘리자 한 사람이 내는 힘은 85로 줄었고, 8명으로 늘리자 한 사람이 49의 힘밖에 내지 않았다. 이처럼 참가자가 늘어날수록 한 사람의 공헌도가 떨어지는 것은 왜일까? 자신에게 책임과 권한이 주어지지 않기 때문이다.

개미가 부지런하다고들 하지만, 실제 일하는 개미는 개미집단의 20%밖에 안 된다고 한다. 그런데 일하지 않는 개미 80%를 떼어놓으면 그들 가운데 다시 20%가 열심히 일을 한다고 한다. 자기가 책임져야 할 일에 대해서는 최선을 다하는 것이다. 인재를 최대한 활용하는 길은 그 사람에게 능력에 걸맞은 권한과 책임을 주는 것이다.

교육에 대한 투자야말로 무한대의 고수익 투자다

군대에서 분대는 8~12명으로 구성된 최소 단위다. 소대는 30~50명, 중대는 130~150명, 대대는 500~600명이다. 연대장이 되면 2000~3000명의 병사를 거느리고, 사단장은 1만 2000~1만 5000명을 지휘해야 한다. 그 지휘관들은 어떻게 훈련되는가?

분대는 하사관이 지휘한다. 그 하사관을 키우기 위해 몇 달간 별도의 교육 훈련 과정을 거친다. 소대를 지휘하는 장교라면 사관학교에서 최소 4년간 훈련을 받는다. 위관 장교 가운데 능력을 검증받은 자만이 영관급 장교가 된다. 대대장부터는 참모가 딸린다는 점에서 또 달라진다. 대대장이 휘하에 중대장을 두고도 마치 중대장처럼 중대를 돌아다닌다면 이는 잘못이다. 연대장이나 사단장은 말할 것도 없다.

군대의 지휘 계통을 보면 맡은 일에 따라 필요한 리더십이 다르고, 교육 훈련도 다르다. 소위 한 사람을 길러내기 위해 4년이나 특별한 교육 훈련 과정을 거친다는 것을 기업들은 쉽게 이해하지 못한다. 기업들은 리더십 훈련을 시키지 않고 그저 그동안의 경험만을 평가해 간부들에게 대대장과 연대장의 역할을 맡긴다. 그러니 리더십에 문제가 생기지 않을 수 없다.

사람이란 교육 훈련을 받으면 능력이 좋아지고 생산성이 높아진다. 사실 교육에 투자하는 것이야말로 가장 이윤이 많이 남는 장사다. 설비에 투자하면 10~20% 남고, 합리화 투자에 성공하면 2~3배 남는다고 한다. 그런데 교육에 투자하면 무한대가 남는다. 아주 단순한 일을 할 때는 개인의 생산성이 사람에 따라 3배, 중간 수준의 문제를 다루는 일은 12배, 복잡한 일을 할 때는 무한대의 차이가 나기 때문이다. 그만큼 교육이 중요하다. 인재를 키운다는 것은 결국 최고경영자가 직원을 자신보다 더 역량 있는 사람으로 만드는 것을 말한다.

리더십 파이프라인이란 리더가 계속해서 성장할 수 있는 체계를 말한다. 직책별 · 단계별 리더를 양성해내는 조직 내부 프로그램인 '리더십 파이프라인'을 구축하여 리더십 경험을 미리미리 쌓게 해야 한다. 리더십은 어느 날 갑자기 생기지 않으며, 단계별로 차근차근 밟아야 제대로 길러진다. 오랜 숙성 기간이 필요하다. 모세가 일을 하면서 모든 걸 감당하려 할 때 장인인 이드로가 모세에게 십부장, 백부장, 천부장 제도를 두어 일을 분담시킨 것이 바로 리더십 파이프라인 구축이다. 그것이 바로 시스템에 의한 경영을 이룩하는 핵심이다.

사람을 키워내는 일은 장기간의 기획이다. 국가적으로는 미국의 '프로젝트 2061'과 같은 장기적 플랜 수립이 필요하다. 1980년대 이공계 기피 현상을 겪은 미국은 1985년 지구에 접근한 헬리 혜성이 돌아오는 2061년까지 국가의 과학을 진흥한다는 계획 아래 미국과학발전협회(AAAS) '프로젝트 2061'을 출범하여 유치원에서 고등학교까지 과학·수학·기술에 대한 교육 개혁을 추진 중이다. 미국은 1932년 공학교육인증원을 설립하여 공학 교육을 세계 최고 경쟁력으로 이끌어 오늘날 세계 패권국이 되었다. 마찬가지로 최근 3년간 노벨상을 수상하고 있는 일본 과학 기술계의 저력도 이처럼 씨앗을 뿌리고 가꾸는, 시급하지 않으나 중요한 큰일들을 묵묵히 추진해온 전략적 의지의 결실임을 눈여겨보아야 한다.

같은 군인이라도 병사가 있고 전사가 있다. 병사는 지시하는 대로 일하는 사람이고 전사는 해야 할 일을 스스로 찾아서 하는 사람이다. 21세기는 어느 직종에서든 아마추어가 아닌 프로를 원하고 있다. 전문가도 20세기형 전문가와 21세기형 전문가는 분명 다르다. 20세기는 한 가지 전문 영역을 파고드는 I형 인재의 시대였다면, 21세기는 여러 분야를 폭넓게 아는 파이(π)형 인재가 각광을 받을 것이다. 파이형 인재란 멀티 플레이어를 말한다. 디지털 시대에는 변화를 이끌어가는 리더십이 필요하다. 융복합 시대에 맞게 팀워크를 이끌고 네트워킹을 관리하며 의사소통을 원활히 하는 리더십이 필요하다. 또한 글로벌 시대에 맞는 가치와 윤리를 구현할 줄 아는 인재를 양성해야 한다.

　미국 보잉 사는 전문 기술자(Technical Specialist)와 깊고 넓게 아는 기술자(Deep Generalist)의 비율을 현재의 8대 2에서 앞으로 5대 5 수준으로 바꿔가는 계획을 추진하고 있다. 도요타는 다음과 같은 능력을 지닌 인재를 프로 사원으로 정의하고 있다. 첫째, 고도의 전문 능력. 둘째, 스스로 과제를 창출하여 해결할 수 있는 능력. 셋째, 사업을 추진하는 지도력. 넷째, 세계를 무대로 활약하는 의사와 실행력. 다섯째, 노동 시장에서 연간 1000만 엔 이상의 가치가 있는 실력. 이에 따라 도요타는 모든 사원을 입사 뒤 10년(계장, 35세 전후) 이내에 프로 사원으로 육성하는 것을 목표로 삼고 있다. 이를 위해 문제 해결 능력, 의사소통 능력, 논리적 사고, 시나리오 책정력 등 종합적인 경영 기술을 집중적으로 가르치고 있다. 이렇듯 중장기 계획, 체계적 프로그램 없이 인재를 길러내기는 어렵다.

인재를 섬기는 리더십 마인드가 필요하다

매일경제신문사에서 낸 〈국민보고대회 보고서〉에 따르면 일류 국가는 A급 인재가 4%에 달하고 초일류 국가는 7%에 이르는 경우도 있다고 한다. 통상 A급 인재가 4%를 넘어서야 일류 국가라는 것이다. 그러면 우리나라의 사정은 어떤가? 현재 우리나라에는 A급 인재가 약 2%밖에 없다고 한다. 우리나라의 총 근로 인구를 2000만 명이라고 하면 그중 A급 인재가 80만 명은 되어야 하는데, 40만 명에 불과하다는 것이다.

기업도 마찬가지일 것이다. 기업의 미래와 운명을 좌우하는 사람은 대체로 100명 중 4명이다. 일류 기업들은 인재 경영을 할 때 '80대 20 법칙'에 따라 전 직원의 상위 20%를 중점적으로 교육하고 관리한다. 물론 그 20%가 모두 인재라는 것은 아니다. 우수한 인재 그룹이지만 그중에서도 다시 20%, 즉 전 직원의 4%만이 A급 인재다. 결국 이 4%가 기업을 먹여 살리는 것이다. 어떤 기업이든 일류로 도약하려면

4%의 인재를 찾아내 리더로 키워야 한다. 한국 기업들도 20%의 인재풀을 형성하고 여기서 다시 A급 인재를 수급받아야 한다.

전 세계 시장은 A급 인재들이 치열한 경쟁을 벌이는 곳이다. 다른 나라에서는 일류 천리마들을 내보내는데 우리만 평범한 말을 내보낸다면 경쟁에서 지는 것은 불 보듯 뻔하다. 천리마들이 경주에 나가서 승리해야 우리에게 상이 돌아온다. 그래야만 기업은 물론이고 국가적 차원에서도 경제적 풍요와 미래 비전을 확보할 수 있다.

우리 민족의 성격 특성 가운데 하나는 '끈질김'이다. 유럽 사람들은 전쟁에서 대장이 죽거나 항복을 하면 나머지도 다 항복을 하는데, 우리 조상들은 외국 군대가 침범해 성을 정복하고 항복을 받아내도 어디에선가 다른 사람이 나와서 재도전을 하고 반기를 들곤 했다. 최고 지휘부 말고도 초야에 훌륭한 인재가 묻혀 있었다는 이야기다.

기업의 최고경영자는 이런 중간 리더들을 알아보고 평상시에 키울 수 있어야 한다. 왜 망하고 난 다음에 움직이게 하는가. 회사가 망하기 전에 그 사람들이 움직이게 하면 망할 일이 아예 없을 것 아닌가. 인재들을 평가하고 발굴할 수 있도록 선순환적 내부 시스템을 만들어야 한다. 변화의 불씨가 될 수 있는 인재, 리더십을 발휘할 수 있는 인재를 찾고 그들을 중점적으로 육성하고 동기 부여할 수 있는 시스템을 갖춰야 한다. 회사가 어려움에 처하기 전에 중간 리더들이 위기의식을 갖고 변화의 불씨를 키울 수 있는 풍토를 만들어야 한다.

어떤 교장 선생님은 학생들한테 늘 절을 한다고 한다. 이유인즉, 이 학생들 중 먼 훗날 세계를 움직일 사람도 나오고 훌륭한 업적을 남길 사람들도 나올 텐데 내가 먼저 인사를 해야 하지 않겠느냐는 것이다. 직원을 대하는 CEO의 마인드도 이렇게 바뀌어야 한다.

Innovation Tool

기업의 인재 양성 사령부, CLO와 리더십 센터

한국 기업은 신입사원을 아마추어로 인식하고 제대로 된 한 사람의 직원으로 키우기 위해 3~4년을 교육한다. 그래서 한국의 노동생산성은 미국의 35%에 불과하다. 이런 현실 때문에 각 기업은 선진국과의 격차를 줄이기 위한 인재 양성의 질적·시스템적 노력을 아끼지 않고 있다.

그런 노력 가운데 하나가 바로 CLO(Chief Learning Officer)와 리더십 센터(Leader Center)의 도입이다. CLO는 최고 교육 책임자로 번역되 며 그 기원은 GE의 잭 웰치다. 잭 웰치는 회장 취임 당시 자신의 경 영 비전, 이념, 전략과 아울러 6시그마, 경영 리더 양성을 위한 액션 러닝(Action Learning) 등 경영 철학을 전파할 필요성을 느꼈다. 이에 따라 GE의 인재 교육 기관인 크로톤빌의 책임자 스티브 케르를 영 입해 교육을 총괄하게 하면서 CLO란 개념을 처음으로 사용했다. CLO는 CEO와 일심동체가 되어 기업에 필요한 '올바른 리더십 육 성'을 총괄하는 임무를 갖는다.

기업 리더 양성이 핵심 화두가 되면서 요즘 국내 기업들도 속속 CLO 시스템을 도입하고 있는 중이다. 가까운 사례로는 농심을 들 수 있다. 농심은 스스로 문제를 발굴하고 해결할 수 있는 리더십 고 양이 인재 육성의 핵심이라 생각하고 CLO를 도입했으며, 아울러 기 존의 연수원(Learning Center) 체제를 리더십 센터(Leader Center) 체제 로 바꿨다. 또한 셀프 리더부터 경영 리더에 이르기까지 실천을 통한 학습을 모토로 액션 러닝에 기반한 프로그램을 운영하고 있다. 이 프 로그램은 내가 농심에 부임하며 가장 먼저 도입한 것 중 하나이며 현재 2기까지 마친 상태다.

CLO(리더십 센터)가 제 역할을 다하려면 일상적 프로그램의 관리도 필 요하지만, 무엇보다 현장에서 진행되는 업무에 대한 이해가 가장 중요하다. 실천을 강조하는 액션 러닝 중심의 프로그램을 도입한 것도 현실·현장과 괴리된 교육은 탁상공론형 인재를 만들 우려가 있기 때문이다. 이런 점에서 CLO(리더십 센터)는 항상 CEO가 전략적으로 어떤 우선순위에 의거해 일을 진행하고, 목적과 목표의 수준을 어떻게 유지하는지를 파악하는 게 중요하다. 그래서 농심은 중요한 경영 회의에 CLO를 배석시켜 교육이 필요한 영역에 대해 바로바로 피드백할 수 있도록 한다. 또 리더십 센터를 중요한 회의가 열리는 국제 회의실과 같은 층에 배치하여 수시로 의사소통이 가능하게 만들었다. 농심은 CLO(리더십 센터)가 일상적 리더십 파이프라인의 관리와 자율 학습 기반 조성 등의 활동에서 충분한 아이디어를 갖고 대응할 수 있도록 많은 자율적 권한을 부여하고 있다. 특히 MI(Market Innovation), BI(Business Innovation) 등 경영의 핵심 과제를 액션 러닝 과제로 해결해나가도록 하는 데 주도적인 역할을 맡긴다. 이로써 CEO는 CLO의 협력을 얻어 인재 양성, 리더 육성, 조직 문화 조성 이라는 큰 틀에서 경영 전략과 방침을 올바르게 수립하고 실천하는 일이 가능해졌다.

비록 농심의 사례가 모든 것을 대변할 수는 없겠지만, 기업 인재 정책을 고민하는 수많은 기업과 CEO들에게 작은 힌트라도 줄 수 있었으면 하는 바람이다.

원활한 커뮤니케이션을 가능케 하는 배려의 기술

양은 순종, 인내, 평화의 상징이다. 착함(善), 아름다움(美), 의로움(義), 상서로움(祥)을 나타내는 한자에는 모두 양(羊) 자가 들어 있다.

양은 선하고 온순하여 좀처럼 싸우지 않는 평화의 동물이다. 양은 양보, 봉사, 희생의 상징이다. 양은 인간을 위해 양모, 양피, 양유, 양육 등 자신이 지닌 모든 것을 제공할 뿐 아니라, 인간을 위한 제물로 바쳐지는 속죄양이 되기도 한다.

양은 무리를 지어 사는 속성을 갖는다. 양떼가 잘 움직이려면 전체의 규율을 지키면서도 다른 양을 배려할 줄 알아야 한다. 기업 조직도 마찬가지다. 기업은 CEO의 독단이나 중간관리자의 복지부동에 의해 무너지는 경우가 많다. 서로에 대한 존중과 희생정신을 바탕으로 한 원활한 커뮤니케이션 능력 없이는 격변의 시기를 헤쳐갈 수 없다. '잘 듣자, 잘 알려주자, 참된 도움이 되자'는 정신이야말로 올바른 커뮤니케이션을 위해 꼭 필요한 전제들이다.

휴먼 네트워크를 구축하라

끝장토론도 혁신 전략, 장벽 없는 조직으로 가라

GE 회장 잭 웰치가 은퇴할 때 어느 기자가 물었다. "그동 안 GE를 최고의 기업으로 키워오느라 많은 일을 했는데 그 중 가장 잘했다고 생각하는 게 무엇인가?" 하는 물음이었다. 웰치는 이렇게 대답했다.

"워크아웃을 도입한 것이다."

이번에는 다른 기자가 "그렇다면 가장 잘못한 일이 무엇 이라고 생각하느냐"고 물었다. 웰치는 이렇게 대답했다고 한다.

"워크아웃을 처음부터 도입하지 않은 것이다."

잭 웰치는 GE 혁신의 핵심을 '워크아웃'이라고 본 것이다. 우리나라에서는 채권금융기관이 주도하는 부실 기업 또는 개인 채무의 구조조정을 '워크아웃'이라고 부르기 때문에, 워크아웃이라고 하면 부정적인 이미지를 먼저 떠올리는 경우가 많다. 그렇다면 웰치의 워크아웃이란 무엇이었을까?

워크아웃이란 말은 원래 제인 폰다를 비롯한 미국 유명 연예인들이 다이어트 프로그램을 만들면서 도입한 신조어다. 체중을 줄이기 위한 프로그램을 짜고, 그 계획에 따라 단계적으로 실천에 옮기는 일을 말한다. 이것을 잭 웰치가 기업 경영에 갖다 쓰면서 경제 용어가 된 것이다. 한마디로 말해 워크아웃이란 여러 단계를 거치며 이뤄지는 복잡하고 비효율적인 의사소통 절차에 대한 군살 빼기라고 볼 수 있다.

GE의 워크아웃은 '워크아웃 타운 미팅'이라고도 한다. 먼저 참가자들이 자기 의견을 주저 없이 표현할 수 있는 분위기를 갖춘 크로톤빌 연수원에 모인다. 그러면 관리자는 광범위한 도전 과제를 제시하고 자리를 뜬다. 직원들은 상사가 없는 상태에서 직원들과 이해관계가 전혀 없는 대학 교수 등 퍼실레이터의 도움을 받아 자신들이 느낀 문제점을 목록으로 만든다. 그리고 해결 방안에 대해 허심탄회하게 토의한다. 전형적인 워크아웃은 2~3일간 계속되는데, 요즘 말하는 '끝장토론'이라고 할 수 있다. 그 기간 동안 직원들은 상사가 돌아왔을 때 새롭게 제안할 내용을 준비한다. 그러면 관리자들은 그런 제안에 대해 그 자리에서 최소 75% 이상 채택할 것인지 아닌지 즉답을 주어야 한다. 그리고 즉답을 내놓지 못한 제안에 대해서는 기한 안에 결정을 내려야 한다.

이런 프로그램은 GE의 직원들에게 주어진 틀에서 벗어나 사고하는 능력을 배양했고, 언제 어디서든 자유롭게 자기 생각을 이야기할 수 있게 만들었다. 직원 모두가 중요한 일을 하고 있다는 자부심을 키워주었으며, 신속한 의사결정을 가능하게 했다. 워크아웃의 성과는 여기서 그치지 않는다. 사람과 사람 사이에, 부서와 부서 사이에 벽을 허물고, 워크아웃 과정에서 자연스레 직원의 능력이 검증되면서 인재 발탁의 공간이 되기도 했다. 웰치는 훗날 워크아웃이야말로 '6시그마' 등 혁신을 가능케 한 원동력이 되었노라고 회고했다.

잭 웰치는 기회가 있을 때마다 '벽 없는 조직'의 중요성을 설파했다. '벽 없는 행동'을 기준으로 관리자를 평가했으며, 개인별 성과보다 조직 전체의 성과를 우선시하는 성과보상 체계를 만들었다.

잭 웰치식 워크아웃 모델이 모든 조직에 타당하다고 단정 짓기는 어렵다. 나라마다 조직마다 깨뜨릴 수 없는, 아니 그것을 오히려 장점으로 키워갈 수 있는 고유의 문화가 있으므로 그 문화와 융화할 수 있는 의사소통 방식을 찾는 게 중요하다.

삼성종합기술원에 있을 때 전자업계에서 가장 R&D를 잘한다는 일본 캐논에 가본 적이 있다. 캐논은 '왁자지껄 미팅'이라고 부를 만한 모임을 열고 있었다. 팀원들이 모여서 정제되지 않은 말이라도 거침없이 쏟아내는 미팅이다. 목적은 GE의 워크아웃과 같다. 캐논연구소에서 놀란 것은 제조업체에서나 하는 줄 알았던 5S 운동(청소, 청결, 정리, 정돈, 습관화의 일본어 이니셜을 딴 운동)을 하고 있다는 점이었다. 물론 왁자지껄 미팅의 결과다. 연구소에서도 자료의 중요성은 크다. 5S를 통해 누구나 쉽게 자료를 찾게 된 덕분에 생산성이 30~40%나 올랐다고 했다. 사실 소주를 마시며 회의를 한다고 해도 워크아웃과 같은 목적을 달성할 수만 있다면 무슨 상관이랴. 눈치 보지 않고 토론하는 문화를 정착시키는 것이 핵심이다.

의사소통의 갭을 줄여라

기성세대들은 아날로그 시대에서 성장을 경험했다. 그러나 지금 성장하는 세대들이 살아갈 시대는 디지털 시대이자 지식 기반 사회이다. 학벌이 힘이 되는 시대가 아니라 독창

성, 다양성, 전문성이 힘이 되는 시대다. 미래를 예측할 수 없는 변화의 시대에는 적응성, 유연성, 창의적 도전성이 무엇보다 중요하다. 이제 혼자서 잘할 수 있는 일은 거의 사라졌기 때문에 네트워킹을 통해 융합, 복합, 시너지를 창출할 수 있어야 한다. 그래야 기업이든 개인이든 생존이 가능하다. 따라서 어디 가서든 팀원으로 일할 줄 알아야 하고, 커뮤니케이션 능력을 길러 이 세상 누구와도 함께 일할 수 있는 열린 감각을 가져야 한다. 자신의 적성, 강점을 찾되 남과 소통할 수 있는 능력을 최대의 무기로 삼아야 한다는 것이다.

이처럼 커뮤니케이션 능력의 중요성은 날로 커지고 있지만 현실은 과거나 현재나 그다지 달라지지 않은 듯하다. 여전히 의사소통의 부재가 기업의 발목을 잡고 개인의 발전을 가로막고 있다.

미국에 공학교육인증제라는 것이 있다. 가르치는 분야가 11가지다. 이 교육을 받고 기업에 가서 일하는 사람들을 대상으로 가장 필요한 교육이 무엇이더냐고 질문했다. 가장 많이 나온 대답이 '커뮤니케이션 능력' 이었다.

의사소통이란 그렇게 간단하지 않다. 어떤 말을 들을 때 그것을 받아들이는 필터는 사람마다 다르다. 즉 어떤 것은 받아들이고 어떤 것은 흘려듣는다. 그래서 똑같은 이야기를 나누어도 저마다 필터가 다르므로 저마다 다른 얘기를 한다.

리더는 사람마다 필터가 다르다는 것을 알고 말을 시작해야 한다. 임원들은 회의에 참여하고 나서, 회의 결과를 부서원에게 전달할 때 자기가 받아들여 필터링한 것만 이야기하는 경향이 있다. 이런 식으로 회의 내용이 몇 번 걸러지다 보면 하위 부서로 내려갈수록 애초의 것과는 전혀 다른 내용으로 전달되는 경우가 적지 않다. 밑에서 위로 올라오는 보고도 중간관리자를 여러 단계 거치다 보면 관리자에게 유리한 쪽으로 필터링되곤 한다. 이런 문제를 줄이려면 가능한 한 많은 사람이 모인 자리에서 보고 사항을 전달해야 한다. 그래야 여러 차례 다른 필터를 통해 말이 걸러지는 문제를 줄일 수 있다.

이건희 삼성 회장은 그리 달변이 아니다. 그러나 이 회장이 신경영을 주창할 때 사원들을 모아놓고 강연하는 것을 보고 많은 이가 놀랐다. 이 회장이 강의에 나선 까닭은 직접 이야기해야겠다는 의지 때문이기도 했지만, 자신의 진의가 여러 단계를 거치며 필터링되어 전달되는 것을 우려했기 때문이다. 그래서 이건희 회장은 강연 내용을 녹음해서 전 사원이 듣게 했다.

현장 경영은 의사소통의 어려움을 극복할 수 있는 또 다른 방법이다. 하지만 미국의 GE는 굳이 그럴 필요가 없다고 한다. 워낙 톱 다운 시스템이 확고해서 웰치 회장으로부터 무슨이야기가 전달되면 무조건 해야 하는 줄 알기 때문이다. 그럼에도 미국 기업들 역시 의사소통에 어려움을 겪는다. 1993년 누구도 맡지 않으려 했던 IBM의 최고경영자 자리에 부임한루 거스너가 기업 혁신에 성공한 뒤 이렇게 이야기했다.

"부임하고 2년간 일하는 시간의 40% 이상을 임직원과 면담하느라 보냈다. 이를 통해 그들에게 위기의식을 불어넣고목표를 제시하며 변화하라고 설득했다."

위계질서가 강한 문화를 가진 우리나라의 경우 상하 간 의사소통은 더욱 어렵다. 우리나라에서는 최고경영자가 제아무리 서슬 퍼런 이야기를 해도 몇 달 후 현장에 가보면 지시의 본래 목적과 다르게 일이 진행되어 있는 경우가 허다하다. 지시를 내리면 직접 밑에까지 그것이 도달했는지 확인해야 한다.

그 반대의 경우도 마찬가지다. 미국에서 일하다 한국으로돌아온 경영자의 이야기를 들어보면, 한국은 서류상으로 일을 많이 하는데, 서류를 봤다는 사인과 받아들인다는 사인이따로 존재한다고 한다. 미국에서는 참조를 보면 cc로 넣어도보고로 본다. 이메일을 찾아 제시하면 그것도 보고로 인정한다. 그러나 한국은 정식 보고가 아니면 인정하지 않는다. 임원들 중에는 이메일을 읽지 않는 사람도 더러 있다. 보더라도 선택적으로 본다. 그래서 메일 제목을 붙일 때 임원이 잘 볼 수 있도록 파격적으로 쓰려고 부하 사원들은 노력한다. 이 얼마나 낭비인가.

'들을 청(聽)'이란 한자의 형상을 분석해보면 재미있는 점을 찾을 수 있다. 청이라는 글자를 나누어 살펴보면 이(耳), 왕(王), 십(十), 목(目), 일(一), 심(心)이다. 즉 귀가 왕이며, 남의 말을 잘 들을 줄 알아야 하고, 10개의 눈을 갖고 보면서 하나의 마음을 지니라는 뜻이다. 조직의 상하부가 모두 이와 같은 마음과 자세를 가질 때 비로소 커뮤니케이션 시스템이 제대로 작동하게 된다.

미들 업 다운(Middle Up Down) 시스템이 필요하다

우리는 일본과 미국의 영향을 많이 받았다. 일제 치하에서는 물론이고 고도성장기에도 일본으로부터 기술뿐 아니라 경영 기법을 배웠다. 요즘은 미국으로부터 많은 것을 도입하고 있다. 그런데 "미국과 일본, 어느 쪽이 더 우리에게 맞을까?"라는 질문을 받으면 참으로 난감하다. 사실 대답은 뻔하다. 어느 쪽이든 우리 실정에 맞게 변용해야 한다는 것이다.

　일본과 미국의 역사를 돌아보면 오늘날 그들이 보여주는 문화적 차이의 근원이 보인다. 무사 계급이 오래 지배한 일본은 지방마다 성이 있었다. 성 안에 성주가 살고 대개의 백성은 성 밖에 살았다. 성은 적의 침입이 있을 때 군대가 마지막으로 저항하는 곳이었다. 따라서 백성은 성주가 마음에 들지 않으면 떠날 수도 있었다. 성주로서는 백성의 동의를 얻는 것이 매우 중요했다. 그런 역사적 뿌리는 일본의 '보텀업' 방식의 의사결정 구조에 뿌리가 되었을 것이다. 일본은 아래로부터 위로 올라가면서 의사결정이 이뤄진다. 이런 의사결정은 매우 치밀하지만 신속하지 못하다는 결점이 있다. 만약 일본이 신속한 의사결정 구조를 갖고 있었다면 우리에게 반도체와 LCD 패권을 내주지 않았을지도 모른다.

　미국은 애초 단일 민족으로 구성된 나라가 아니다. 영어를 쓰기는 하지만 그것이 미국어라고 말할 수 없을 정도다. 그러니 의사소통도 간단하지가 않다. 다양한 언어를 쓰고 다양한 사고방식을 가진 사람들을 다루려면 모든 규칙을 보다 상세하게 만들어야 하고, 그에 따라 일이 진척되도록 해야 한다. 그래서 톱 다운 방식의 의사결정이 이뤄지고 평가 보상도 아주 세부 항목까지 통계로 처리하는 시스템을 갖추었다.

우리나라는 어떨까? 이것도 저것도 잘 안 된다. 적당히 타협하기 때문이다. 역사를 보면 백성들도 스스로 알아서 눈치껏 했지 임금에게 보고하는 경우는 드물었다. 자기 의견이 중간관리들의 필터를 뚫을 수도 없을뿐더러 그렇지는 않다 해도 이미 심각하게 왜곡돼 오히려 해가 될 가능성이 많다고 생각했기 때문이다. 실제로 관리들은 자신에게 득 되는 사항만 왕에게 보고했다. 오늘날 회사에서도 고참 부장들이 뒷다리를 잡는 경우가 많다. 그래서 한국은 가운데, 즉 미들(Middle)이 제대로 역할을 할 수 있도록 책임을 주는 것과 동시에 독려해야 한다. 다시 말해 미들의 역할을 강조한 '한국적 커뮤니케이션 방식'을 새롭게 창안해야 할 필요가 있다는 것이다.

일본 기업은 제조업에 강하다. 산업 사회에서 기업의 목표는 고객만족이었고 일본 기업들은 이를 위해 분임조 활동을 통해 '품질 혁신'에 강조점을 두었다. 그것으로 한 시대를 선도했다. 한때 일본 기업에 밀려 고전했던 미국 기업들은 정보화 사회에서 강점을 발휘하고 있다. 그들은 '고객감동'을 목표로 여러 관련 부서를 묶는 CFT(Cross Functional Team)를 통해 6시그마 수준의 품질 관리를 통해 혁신의 길을 열어갔다.

지금은 지식(Knowledge)의 시대다. 앞으로는 지혜(Wisdom)

의 시대가 열릴 것이다. 이제는 고객만족, 고객감동을 넘어 고객과 하나가 되어야 하는 시대다. 아울러 기업의 사회적 책임이 중요해지고 있다. 프로 멀티플레이어가 필요하고, 그들이 '프로페셔널 팀'을 이루어 고객과 일체화를 이뤄야 한다. 나는 그런 시스템을 감히 '미들 업 다운 시스템'이라고 부르고 싶다.

농심은 그동안 라면업계에서 시장점유율이 70%에 이르는 독보적 위치에 서 있었다. 이런 안정세가 20여 년간 계속되면서 구성원들이 자만하는 경향이 생겼다. 과거 농심의 선배들이 무에서 유를 창조하는 도전정신으로 뛰어난 업적을 쌓아올린 반면, 후배들은 선배들이 쌓아올린 성과 속에서 차츰 안주하게 된 것이다. 남들이 변화하고 발전하는 20여 년 동안 농심이 거의 정체되거나 역동성을 잃어버린 이유도 그 때문이다. 이런 위기가 가장 직접적으로 표출된 것이 바로 새우깡 이물질 파동 등 최근에 일어난 일련의 사건들이라고 말할 수 있다.

그러나 이 사건은 오히려 농심의 역동성을 되살리는 계기로 작용하기도 했다. 클레임 제로화, 고객 응대 선진화, 생산공장 업그레이드, 신선도 관리 혁신, 선진 식문화 선도, CRS 경영 등 '고객 안심 프로젝트'를 시행해 고객감동을 넘어서서 고객일체화로까지 시야를 넓히게 된 것이다. 또 월례 조회를 경영보고대회로 바꾸었다. 훈시나 시상식 위주로 이뤄지던 조회를 경영보고대회로 바꿈으로써 회사의 경영 성과를 사원들이 즉각적으로 알 수 있게 했다. 회사의 정보를 공유하기 위해 〈신나라 뉴스〉란 사내 신문도 펴낸다. 커뮤니케이션 중심형 조직 활동을 통해 회사의 문제를 개개인이 자기 문제로 인식하기 위해서다. 카리스마형 1인 리더 중심 조직의 '1인 기관차'에서 전 사원이 움직이는 '전원 기관차'가 되도록 한 것이다.

이러한 활동이 성공리에 마무리된다면 농심은 창업 50주년을 맞는 2015년이면 전 세계 고객을 만족시키는 글로벌 식품 기업으로 거듭나고, 4조 원의 경영 목표를 달성할 수 있게 될 것이다. 단순히 금액이 중요한 게 아니다. 그보다는 '고객 안심 프로젝트'가, 전사적으로 실천해야 하는 고객과의 약속이자 그들과 하나가 되기 위한 구체적인 실천이라는 점이다.

이를 위해서는 무엇보다 먼저 기업 구성원 간 커뮤니케이션의 올바른 작동이 필요하다. 그런 의미에서 '중간자 역할을 통해 전체 조직의 의사소통을 원활히 이뤄낸다'는 미들 업 다운 시스템은 비전을 실현할 가장 강력한 무기이자 이제

막 실험대에 오른 프로젝트라 할 수 있다.

실질적인 도움을 주는 네트워크를 구축하라

양들은 겨울에는 서로 떨어져 지내고 여름에는 꼭 붙어 지낸다고 한다. 혹자는 이를 보고 양들이 겉모습과 달리 성질이 무척 나쁘다고 이야기한다. 하지만 거기에는 이유가 있다. 양털 안에 공기가 많을수록 단열이 잘되기 때문에 겨울에는 떨어져 있는 것이 서로를 위하는 길이다. 서로 붙어 있으면 공기층을 없애 추운 겨울을 견딜 수 없다. 반면 여름에는 서로 붙어 있으면 시원해진다. 서로 몸을 비벼 털 속의 공기를 빠져나가게 하기 때문이다.

이처럼 남들은 눈치 채지 못하는 진정한 배려와 상부상조의 정신이 기업에도 꼭 필요하다. 조직이 잘 움직이려면 구성원들이 서로 도움을 줄 수 있는 관계, 즉 팀워크가 절대적이다. 시너지 효과는 바로 팀워크에서 생긴다.

그러나 아무리 네트워크의 중요성이 커지고 있다고 해도 잊지 말아야 할 것이 있다. 기능적 우수성에 집착하여 성과를 위한 도구로서만 파악해서는 안 된다는 것이다. 사람은 원래 자신에게 실제적인 도움이 되는가 아닌가로 모든 걸 판단하는 경향이 있다. 네트워크의 기능성만을 강조하다 보면 사람은 자연스레 그것을 또 하나의 착취 구조로 파악하고 거부감을 가질 수밖에 없다. 그래서 중요한 건 네트워크 안에 인간의 온기를 불어넣는 일이다. 배려와 존중의 문화가 그 안에 정착되어야 한다는 것이다.

1980년대 초 당시 삼성그룹 부회장이던 이건희 회장은 불시에 수원역에서 통근버스를 타고 수원 공장을 방문한 적이 있다. 이 회장은 콩나물시루같이 붐비는 통근버스, 위생 상태가 불량한 화장실, 공장 바닥의 뿌연 먼지를 보고는 임원들에게 호통을 쳤다.

"품질과 서비스는 인간 존중에서 나온다. 세계 일류 수준의 신라호텔을 지은 것은 단지 돈을 벌기 위해서가 아니다. 그것은 전 세계에 우리 삼성을 보여주는 품격이자 표상이기 때문이다. 신라호텔도 수원공장도 다 같은 삼성인데, 여기 공장 환경은 왜 이런가. 작업 환경이 쾌적해야 직원들이 즐거운 마음으로 일할 것이고 이를 바탕으로 품질과 서비스도 좋아질 것이다."

이건희 회장은 내부 고객인 직원을 먼저 만족시키는 것이 바로 품질을 높이는 힘이고, 초일류 기업으로 나아가는 발판이라고 했다. 훗날 이 회장의 삼성 제2창업 선언에는 기업이 추구하는 핵심가치 가운데 하나로 '인간 존중'이 들어갔다.

상대방을 배려하고 실질적인 도움을 주려는 정신이 필요하다. 서로가 서로를 인격적으로 존중하는 문화를 만들어가야 한다. 그런 노력과 그로부터 비롯된 성과가 축적된 후에야 직원들은 회사와 리더, 옆자리의 동료에 대해 존경심을 품게 된다. 즉 존중해주면 존경한다는 선순환 그래프가 그려지는 것이다.

많은 경영자가 경영 실적이 나빠지면 먼저 인건비를 절감하려 든다. 그 방법이 단기적으로는 문제를 완화하는 데 도움을 주겠지만, 계속해서 임금을 깎을 수는 없는 노릇이다. 공장 환경을 개선하라고 했던 이건희 회장도 당장은 비용이 더 들겠지만 장기적인 목표가 있었기 때문에 공장 환경 개선 비용을 투자로 생각했던 것이다. 한 기업의 CEO라는 자리는 이처럼 휴먼 네트워크의 완성을 누구보다 앞장서 실현해 나가야 하는 위치다.

휴먼 네트워크를 위한 'ㅁ' 커뮤니케이션을 추구한다

양 무리를 잘 이끌려면 맨 마지막 한 마리까지 설득해야 한다. 그래야 전체 양이 움직이는 법이다. 리더는 모든 조직원의 이야기를 잘 들어주고 모든 사람이 능력을 발휘할 수 있도록 돕는 역할을 맡아야 한다. 이를 통해 조직을 융합하고 시너지를 만들어가야 한다.

요즘 북한에 다녀온 기업인들은 돈, 정보, 사람 등 세 가지가 통해야 올바른 투자가 이뤄진다고 말한다. 그런데 조직의 융합과 시너지를 위해서는 다음과 같은 3통이 필요하다.

첫째, 언통(言通). 말, 즉 커뮤니케이션이 통해야 한다.

둘째, 지통(志通). 뜻과 의미가 통해야 한다. 비전과 미션을 모든 조직원이 그 목적과 이유까지 공유하고 있어야 한다. 그래야 스스로 목표를 향해 나아갈 수 있다.

셋째, 심통(心通). 마음, 즉 서로 존경하고 스스로 존중받는 가운데 조직 전체에 신바람이 불어야 한다.

이와 같은 3통이 바로 CEO가 이루고 지원해야 할 목표이다. 세종대왕은 600년 전 이러한 리더십을 실천했다. 먼저 농업 발전을 이루기 위한 농사 기술을 전달하려고 훈민정음을 만들어 말이 통하게 만들었다. 이를 통해 백성들의 지식 수준이 몰라보게 향상되면서 그 의미를 알게 되었다. 또 빠질 수 없는 것이 인간 존중, 민본의 리더십이다. 나라에 흉년이 7년이나 지속되어 굶어 죽는 사람이 많이 생겼을 때 세종대왕은 경복궁 안에 초가를 짓고 농민들처럼 거친 음식을 먹었다. 그것도 2년 반 동안이나 말이다. 이 이야기가 전해지는 순간 아무리 부패한 관리들이라도 쌀을 떼먹을 수 있겠는가? 그렇게 마음에 호소하는 것이다. 이것이 바로 소통을 위한 리더의 자세 혹은 자질이 아닐까 생각한다.

우리 민족은 다분히 감성적인 성향을 띤다. 조직의 경영자라면 구성원들의 마음을 먼저 읽고 움직이려는 세심한 노력을 갖고 있어야 한다. 그래선지 혹자는 이런 노력에 마음경영이라는 표현을 붙이기도 한다.

마음경영을 위해 CEO가 할 일은 다양하다. 우선은 만남의 장을 많이 만들고 무조건 열심히 찾아다니며 보다 많은 직원을 만나보아야 한다. 회식에 참여하고 직원들의 애경사를 돌볼 줄 알아야 한다. 그래야 사원들의 마음에 쌓인 목소리를 들을 수 있다. 이런 과정을 통해 상대방의 이해와 납득을 얻어내는 것이 중요하다. 그 뒤에는 이런 기풍을 조직 전체로 확산시키는 것이 필요하다. 서로가 서로에게 얻은 마음을 기업의 상층—중간—하층, 혹은 수평적 관계 속에서 물결처럼 흘러다니게 해야 한다.

나는 "한글 중에서 ㅁ자를 좋아하고 ㅂ자를 갖다 버리자"고 주장하곤 한다. ㅂ자에는 부정, 부패, 비리 등 부정적인 것이 많고, ㅁ자에는 "만나서 말하고 먹고 마시고 목욕하고" 등 인간관계의 개선을 위한 행위들이 많다. 그래서 나는 'ㅁ 커뮤니케이션'이야말로 휴먼 네트워크를 위한 중요한 밑거름이라고 생각한다. "믿고 밀어주고 막아주고 뭉쳐주면" 시너지가 생긴다. 시너지가 나서 커뮤니케이션이 잘되면 신뢰의 문화가 형성되어 변화와 혁신도 잘될 것이다.

오랜 위계질서 문화 때문에 상하 간 소통이 쉽지 않은 과거의 틀을 깨지 않으면 시대적 변화의 흐름에 앞서갈 수도 없고, 위기를 함께 인식하며 헤쳐나갈 수도 없다. 그래서 "잘 듣자, 잘 알려주자, 참된 도움이 되자"는 모토는 휴먼 네트워크를 채울 중요한 정신이 된다.

Innovation Tool

전체의 지혜를 모으는 커뮤니케이션 혁신법, KI

대부분의 직원이 사장이나 상급자 앞에서 발언할 기회를 얻게 되면 진땀을 흘리게 마련이다. "내 말이 어떻게 받아들여질까", "무능력한 발언이라고 찍히지나 않을까" 전전긍긍한다. 그래서 결론적으로 선택하는 게 가장 무난하지만 현실적으로는 별로 쓸모없는 발언이나 제 안이다. 이래서는 발전이 요원할 수밖에 없다. 그래서 CEO나 상급 임원들은 직원들이 가진 마음의 벽을 앞장서서 허물어주지 않으면 안 된다. 의식의 문제에서도 그렇고 될 수 있으면 시스템적으로도 확실하게 벽을 허물려는 노력을 하지 않으면 안 된다.

보통 조직의 일정 계획을 세울 때는 대부분 부서장이 정해주는 대로 따른다. 이와 달리 KI(Knowledge Intensive of Staff Innovation Plan)라는 방식에서는 얼마의 기간이 왜 필요한지 등을 토론하면서 대일정, 중일정, 소일정 등을 세운다. 이렇게 토론을 통해 일정을 세우는 경우에는 알고 있는 사람과 모르고 있는 사람의 차이가 확연해진다. 또 서로 알고 있는 것을 모두 내놓아 모을 수 있고, 서로 모르는 부분은 조사해 계획을 보강할 수 있다. 이런 과정에서 대부분의 잠재문제가 나오고, 해야 할 것과 하지 말아야 할 것이 명확해진다. 한마디로 지혜가 생기는 것이다. 이것이 바로 커뮤니케이션의 혁신이다.

이 방식은 토론하는 데 시간이 많이 걸리므로 쪽지에 적어내는 방법을 택한다. 무언가를 생각할 때 메모지에 써서 아이디어를 모으다 보면 사장이나 사원이나 대부분 비슷한 아이디어 또는 의견이 나온다. 사장 및 임원 집단과 사원 집단 중 어느 집단이 더 우수하다고는 말할 수 없는 것이다. 모두의 의견을 모아가는 과정이 큰 위력을 발휘하는 것은 그 때문이다.

이럴 때 리더는 모든 과정을 총괄하면서 인내를 갖고 직원들이 스스로 답을 찾아갈 수 있도록 지원해야 한다. 답을 주면 당장은 시원하고 성과가 빨라 보일지 몰라도 그건 결국 조직의 자발성, 창의성, 문제 해결 능력을 죽이는 결과를 가져오기 때문이다.

네트워크를 이용한 커뮤니케이션 혁신법, PERT/CPM

또 다른 커뮤니케이션 혁신 도구로 PERT/CPM을 꼽을 수 있다. 이 방법은 PERT와 CPM 양쪽의 장점만을 모아서 만든 네트워크 공정표다.

PERT(Program Evaluation & Review Technique)는 계획의 평가 검토 기법이다. 미 해군에서 시작된 것으로, 1962년 봄부터 미국 정부의 중요한 신규 사업은 전부 PERT 기법을 사용해왔다. 계획 내용인 프로젝트의 달성에 필요한 전 작업을 작업 관련 내용과 순서를 기초로 네트워크상에서 파악한다. PERT에서는 확률적 추정치를 기초로 하여 'Event' 중심의 확률적 시스템을 전개함으로써 최단 기간에 목표를 달성하고자 한다.

CPM(Critical Path Method)은 공장 건설 등에 관한 과거의 실적 자료나 경험 등을 기초로 하여 'Activity' 중심의 결정론적 시스템을 전개함으로써 목표 기일의 단축과 비용의 최소화를 도모한다. CPM 기법은 세계 최대 규모의 화학 회사인 미국 듀퐁 사가 1956년부터 신규 설비 증가와 설비 규모의 비대에 따라 투자의 효율적 통제를 주

목적으로 개발한 것이다.

당초 다른 목적으로 개발된 PERT 기법과 CPM 기법은 적용 과정에서 서로의 장점을 상호 보완함으로써 이제는 서로 비슷해져 적용 대상 사업이나 시간 추정상의 확률적 유무를 제외하고는 별 차이가 없게 되었다. 그래서 이 두 기법을 총괄하여 PERT/CPM이라 한다.

PERT/CPM의 장점은 네트워크를 작성하여 분석하기 때문에 상세한 계획을 수립하는 데 효과적이고, 변화나 변경에 곧바로 대처할 수 있다는 것이다. 또한 사전에 문제점을 종합적으로 파악할 수 있으며, 이에 대한 중점 관리가 가능하다. 그리고 무엇보다 주공정이 들어간 네트워크는 계획 내용을 상대방에게 설명하는 데 유력한 자료가 될 뿐만 아니라 상호간의 유력한 의사소통 수단이 된다. 관계자 전원이 참가함으로써 의사소통이나 정보 교환이 용이해지는 것이다.

PERT는 바 차트(Bar Chart)를 그려서 관리하는데 간혹 다음 단계와의 연관 관계가 표시되지 않아 타 부서와의 업무가 원활하지 못하는 경우가 많다. 바 차트를 그릴 때는 모든 상관관계를 표시해 네트워크로 관리해야 하며, 가장 핵심이 되는 사항은 부서장이 관리하는 방법이 좋다. 박태준 회장이 포항제철 공장을 건설할 때 이 방법을 현장에 철저히 적용했다. 당시 200개 공정을 집중 관리하면서 각 공정의 문제점을 분석하고 협의할 수 있는 룸을 별도로 두었기에 단기간에 완성도 높은 건물을 건설할 수 있었다고 한다.

원숭이

뛰어난 모방력으로 창조의 원천 기술을 확보한다

원숭이는 영리하고 민첩하며 창의적인 동물이다. 지혜의 상징이자 계속해서 새로운 것에 도전하는 모험정신을 의미하기도 한다. 이런 특징을 고루 갖추고 있는 것이 바로 《서유기》의 손오공이다.

원숭이는 변화와 창조의 시대에 잘 어울리는 동물이다. 독특한 사고방식과 지혜를 통해 새로운 기술을 창안하고 끊임없이 개선해나가기 때문이다. 그런데 원숭이의 이런 창조력에 모태가 되는 것이 바로 모방 욕구이다. 흉내 잘 내는 사람을 "원숭이 같다"고 말하듯이, 원숭이는 남이 잘하는 것, 나보다 나은 것을 재빨리 내 것으로 만드는 재주를 갖고 있다.

기업 경영에서도 일류 기업이 되기 위해서는 먼저 그 길을 걸어간 기업들을 모방할 필요가 있다. 그래야 그 기업을 뛰어넘을 창의적 대안이 나오고, 후발 주자가 새로운 선도자로 나서는 기적이 가능해진다.

초우량 기업,
그들처럼 경영하라

'타도, 미국'을 부르짖은 일본 기업의 혁신 노력

1970년대 일본은 외국에서 자재, 소재, 자원을 수입해 값싼 제품을 만들어 미국으로 수출하는 전략으로 급속한 경제성장을 이뤘다. 그러나 1973년 오일 쇼크가 일어나자 일본의 기업들은 큰 타격을 입을 수밖에 없었다. 품질은 아직 미국 제품과 경쟁할 만큼 높지 않았으나, 제조원가 상승으로 가격경쟁력은 떨어졌기 때문이다. 게다가 미국 시장을 잠식해 들어오는 일본을 견제하려고 미국에서 일본 제품 불매 움직임까지 일어나는 등 일본 전자업계를 압박했다. 급기야 1974년부터 1975년까지 2년 동안 일본의 전자업체가 거의 모두 적자를 기록하는 지경에 이르고 말았다. 종신고용제를 자랑으로 삼는 일본의 기업들이 이때만큼은 많은 직원을 희망 퇴직시키고 남은 직원들의 급여와 보너스도 삭감하는 등 큰 어려움을 겪었다.

일본 전자업계는 이 위기 상황의 근본 원인을 찾아 분석하기 시작했다. 문제는 오일 쇼크 같은 외부 조건에만 있는 것이 아니었다. 더 근본적인 문제는 외부 상황이 변하자 아무 힘도 써보지 못하고 흔들릴 수밖에 없는 일본 기업의 경쟁력 부재에 있다고 일본 전자업체들은 판단했다. 미국 기업들과의 경쟁에서 이기려면 단순히 가격경쟁력을 확보하는 데 그치지 말고 제품경쟁력까지 확보해야 한다는 깨달음에 도달한 것이다.

경쟁력 향상이 위기 극복의 근본적인 해결책임을 인식한 일본 기업들은 생산성, 프로세스, 원가 등 경영 전 부문에서 과감한 혁신에 돌입하기 시작했다. 품질 혁신을 위한 TQC, 생산성 향상을 위한 생력화(省力化), 프로세스 혁신을 위한 도요타 생산 방식, 원가 혁신을 위한 IE, VE 등 강력한 혁신 활동이 일어났다.

그 가운데서도 가장 유명한 혁신 활동이 '도요타 생산 방식'이다. 도요타 방식이란 다른 말로 하면 '재고 제로화 전략'이다. 일본에서는 자동차를 구입하기 위해서는 먼저 주차지를 증명해야 한다. 따라서 자동차를 구입하는 사람들은 자동차 회사에 차량 구입을 신청하면서 동시에 주차지 허가 신청을 낸다. 그런데 주차지 허가가 나는 데 2주가 걸린다. 그 2주 안에 자동차를 만들어낼 수만 있다면 자동차 회사는 미리 차를 제조해놓을 필요가 없어지는 것이다. 이 점에 착안해 도요타는 2주 만에 고객에게 자동차를 제공하는 생산 시스템을 확립했다. 자재 발주부터 조립, 고객 배달까지 정확히 2주 만에 모든 과정을 마무리하도록 했다. 이런 생산 방식의 성공으로 도요타에는 재고가 남지 않았고, 고객에게는 주문한 대로 자동차를 차질 없이 제공할 수 있게 되었다.

이 시기 일본의 경영 혁신을 대표하는 또 하나는 RIAL(Re-design and Improvement through Analysis of Line-system) 생산 방식이다. 이는 모든 일에 대해 현상을 부정하는 발상으로 근본부터 철저히 파헤치는 것이다. 즉 기존에는 아무 의심 없이 관행처럼 따르던 일들에 대해서도 '이 일을 안 하면 회사가 망하는가?', '이 일을 안 하면 어떤 피해가 있는가?', '이 일을 없애기 위해서는 무엇이 필요하고 무엇을 해야 하는가?' 등을 원점에서 다시 따지고 다시 생각해보는 것이다. 그리고 그 일이 한 기업의 사활에 영향을 미치는 것이 아니라면 과감하게 없애는 것이다.

일본은 이런 혁신 노력을 1970년대 후반까지 계속했다. 그 결과 1980년대에 들어서면서는 제품경쟁력으로 당당히 미국 시장을 석권하게 되었고, 고도성장의 기반을 다지게 되었다.

일본 기업에 대한 미국 기업들의 대응

1980년대 10년간은 일본 기업이 미국 시장을 석권했다고 해도 지나친 말이 아니다. 일본 기업이 승승장구함에 따라 미국에서는 산업 공동화 현상이 일어날 정도였다. 이에 미국은 엔고 전략이라는 극약 처방을 썼다. 일본 엔화의 가치를 높여 일본 상품의 가격을 끌어올리고, 반대로 미국 제품의 가격을 떨어뜨림으로써 수입을 줄이면서 미국 제조업체에 시간을 벌어주기 위한 것이었다. 그렇게라도 하지 않으면 세계 제일의 강대국 미국이 제2차 세계대전의 패전국 일본에 의해 망할 수도 있을 것 같은 위기감이 팽배했다. 무섭게 치고 올라오는 일본 기업들에 맞서 어떻게 하면 살아남을 수 있을까, 위기를 느낀 미국은 국가적인 연구를 시작했다.

제일 먼저 혁신을 시작한 사람이 바로 GE의 잭 웰치다. 당시 GE는 다른 미국 기업과 달리 비교적 수익성이 괜찮았다.

그러나 웰치는 일본 기업의 경쟁력이 나날이 성장해가는 것을 보고 '이대로는 안 된다'는 인식 아래 혁신을 외치기 시작했다. "일본과 경쟁해서 이길 수 있는 것만 하자. 도저히 구조적으로 안 되는 것은 포기하자. 그렇게 해서 1, 2위가 될 수 있는 사업만 남기고 나머지는 모두 버리자." GE의 잭 웰치로부터 시작된 이런 구조 개혁의 바람은 1980년대 미국 기업 전체를 휩쓸었다.

1위, 2위가 가능한 사업으로 선택과 집중 전략을 실행한 잭 웰치가 다음으로 추진한 것은 프로세스 혁신이었다. 그는 일본 기업의 업무 방식을 철저히 조사하고 연구하여 그보다 더 개선된 혁신을 추진했다. 예를 들어 일본의 TQC를 좀 더 발전시킨 TQM을 추진하고, 이를 6시그마로 발전시켰다. 나아가 국제표준 ISO9000까지 제정했다.

특히 6시그마는 100만 개의 제품 가운데 불량이 3~4개에 불과할 정도의 수준 높은 품질 관리를 뜻하는 것으로, 미국의 기업들은 앞 다투어 6시그마를 도입해 일본의 품질 관리 시스템보다 더 높은 품질 달성 목표를 세웠다. 1987년 일본 반도체업계와 경쟁하기 위해 6시그마를 도입한 모토로라가 7년이 걸려서야 6시그마 수준에 도달할 수 있었을 만큼 6시그마는 초일류 목표였다.

미국 기업들은 제조 부문에서도 일본의 도요타 생산 방식을 받아들여 혁신했다. 미국의 기업들은 컨베이어 라인 위에 모두 앉아서 작업을 하는 전통적인 포드 생산 방식을 채용하고 있었다. 그것을 대신해 린 생산 방식을 도입하여, 재고 없는 합리적인 제조 프로세스를 구축했다. 크라이슬러가 자동차 디자인, 제품 기획, 엔지니어링, 생산 및 판매 기능을 한 지붕 아래로 묶은 기술 센터를 세우기 시작한 것도 1986년의 일이다. 그 성과로 훗날 크라이슬러는 일본 자동차보다 값싼 자동차 네온을 개발해 일본차 킬러로 등장했다.

자원 관리에서도 혁신이 이뤄졌다. 정보 기술을 활용하여 전사 자원의 통합 관리를 시작한 것이다. 오라클, SAP 등은 구매 시스템, 생산 시스템 등 각각의 정보 시스템을 별도로 관리하던 배치 시스템(Batch System)을 하나로 통합하여 낭비를 없애고 자원 관리의 효율화를 이뤘다. 가령 기존에는 새로운 생산 기술을 개발하면 이것을 여러 지역에 흩어져 있는 공장에 전달하기 위해 팩스를 보내거나 전화로 얘기해야 하던 것이 전사 통합 시스템 도입으로 표준 내용을 시스템에 입력하면 여러 공장에서 곧바로 적용할 수 있게 한 것이다. 이런 전사적 자원 관리(ERP) 시스템은 미국이 일본보다 10년가량 앞서갔다.

미국 기업들은 이런 혁신을 통해 마침내 일본 기업들을 능가하는 경쟁력을 갖추게 됐다. 그리고 1990년대에 들어서면서는 마침내 전세가 역전되어 이후 미국은 10년간 승승장구했다. 일본은 잃어버린 10년이라고 부를 만큼 고전을 면치 못했다. 결국 누가 위기의식을 더 깊이 새겨 혁신에 성공하느냐가 승패를 좌우한 셈이다.

톰 피터스의 경영 혁명

미국의 저명한 경영 컨설턴트 톰 피터스의 책을 보면 기업 경영의 세계적 변화와 흐름을 잘 볼 수 있다. 한마디로 말하면, 기업 경영의 측면에서 세계사는 '무엇을 할 것인가' 의 시대에서 '어떻게 할 것인가' 의 시대로, 그리고 급진적인 변화의 시대로 흘러왔다. 이런 시대 흐름을 가장 먼저 인지한 것도 미국이었다.

일본 기업들이 오일 쇼크 이후 어려움을 극복하기 위해 갖은 혁신 노력을 다한 결과, 1980년대에는 미국 시장에서 승승장구했다. 일본 기업에 시장을 빼앗긴 미국의 많은 기업이 동남아시아로 공장을 옮기거나 문을 닫는 등 극단적인 선택을 할 수밖에 없었다. 이때 톰 피터스가 미국에는 어떤 위기에도 끄떡없는 훌륭한 기업들이 있음을 역설하고 나섰다. 1982년 출판한 책 《초우량 기업의 조건》은 IBM, GM, GE, 3M, 듀퐁 등 위기 상황에서도 건재한 기업들을 분석한 것이다. 피터스는 "일본 기업들이 무서운 것이 아니다. 미국의 여러 기업이 IBM을 비롯한 초우량 기업과는 다른 방식으로 경영을 한다는 점이 문제"라고 강조했다. 이제부터라도 이들 초우량 기업이 일하는 방식을 배워 실천한다면 경쟁력을 회복하고 일본 기업을 이길 수 있을 것이라고 그는 주장했다.

그런데 몇 년 후에는 톰 피터스가 초우량 기업으로 선정했던 기업들도 경영 악화를 겪게 되었다. 그는 《경영 혁명》이라는 저서를 통해 어제의 방식으로 일하는 회사는 퇴보한다는 진리를 역설했다. 계속해서 발전하고 변화하는 세상에서 어제와 똑같은 방식, 작년과 똑같은 방식으로 일하는 회사는 이미 퇴보 일로에 있는 것이며, 퇴보하지 않기 위해서는 오늘보다 나은 내일을 위해 끊임없이 변화해야 한다는 것이다. 《경영 혁명》에서 톰 피터스는 성공적인 기업들의 혁신 사례를 증거로 제시하며, "무엇이든지 변하지 않으면 망한다"는 주장을 폈다. 이것이 1987년의 일이다.

1992년 톰 피터스는 《해방 경영》이라는 또 다른 책을 썼다. 혁신에 실패한 경영자를 위한 지침서라고 할 수 있었다.

그는 이 책에서 변화를 방해하는 근본 원인을 과감히 없애라고 조언한다. 변화가 잘되지 않는 이유는 위로 상사들이 겹겹이 있어서 그들의 눈치를 보기 때문이라고 피터스는 조언했다. 요즘 일류 기업의 대다수는 위로는 최고경영자가 있고, 그 아래로는 수평적 조직이 구축되어 있다. 위계질서에 매인 관료 조직에서는 변화가 어렵다. 조직이 변화를 방해하는 것이다. 톰 피터스는 사람을 조직에서 해방시키고 조직이라는 개념을 없애자고 주장했다. 대신 새로운 것을 창조하고 끊임없이 혁신하는 시스템을 만들어야 한다고 강조했다.

1999년 그는 새로운 책을 냈다. '내 이름은 브랜드다' '나의 일은 프로젝트다' '우리는 프로페셔널 팀이다' 세 권으로 구성된 《Wow 프로젝트》다. 이 책에서 그는 미래의 트렌드를 보여주고 있다.

첫째는 '개인의 브랜드화'다. 지금은 삼성, 소니와 같은 기업 브랜드의 시대지만 앞으로는 개개인이 브랜드화되는 개인 브랜드의 시대가 될 것이라고 그는 강조했다. 야구 선수나 축구 선수를 보면 거액의 연봉을 흥정하기도 하고, 해외의 유명한 팀에서 스카우트 제의를 받기도 한다. 앞으로는 기업에서 일하는 직원들도 운동선수처럼 자신의 몸값을 올리고 흥정하는 일이 비일비재할 것이다. 어느 회사에 다닌다는 사실이 아니라 마케팅 전문가, 특정 기술 전문가 등 개인의 전문 영역이 의미 있게 될 것이다. 따라서 이제 기업의 최고경영자는 직원들이 각자의 꿈을 실현할 수 있도록 도와주어야 하며, 그러지 못하면 능력 있는 직원들이 그 기업을 떠나고 말 것이다. 직원의 꿈을 이뤄주는 것이 경영자의 자질인 시대가 되는 것이다.

둘째는 '업무의 프로젝트화' 다. 대량 생산에 주력하던 과거에는 각자가 업무를 분담하여 처리하는 분업의 시대였다. 그러나 앞으로는 개개인의 일이 회사 업무의 일부분이면서도 그 자체로 하나의 완성된 프로젝트가 되리라는 것이다.

셋째는 '팀화' 이다. 혼자서 하기보다는 다양한 분야의 사람들이 모여서 함께 팀으로 일하는 형태가 앞으로 주 업무 형태가 될 것이라고 톰 피터스는 예견했다.

Wow 프로젝트의 핵심 요지는 혁신을 넘어 '인재' 에 대한 강조라고 할 수 있다. 그때그때 가장 적확하게 가장 필요한 경영 화두를 던지곤 했던 톰 피터스의 말이니만큼 그 무게가 결코 가볍지 않다. 중요한 것은 톰 피터스가 자신의 저서에서 보여준 것처럼, 이러한 혁신의 흐름이 세계 초일류 기업들에 의해 앞서거니 뒤서거니 하며 견인되어왔다는 사실이다. 서로의 조직, 문화, 시스템, 심지어 작은 습성에 이르기

까지 치밀하게 상대를 연구하며 자신을 강자로 만드는 전략
으로 활용했다는 점이다.

삼성도 한때는 뛰어난 혁신 모방자였다

일본이 미국 시장을 석권하고 세계 경제 대국으로 떠오른
것은 거슬러 올라가 보면 1964년 도쿄올림픽을 개최한 직후
의 일이다. 올림픽을 개최하면서 일본은 선진국의 기반을 구
축했다. 이는 비단 일본만 그런 것이 아니다. 올림픽 개최는
한 국가의 경제에 엄청난 파급 효과를 가져다준다. 우리도
1988년 서울올림픽을 개최하면서 급속한 경제 성장을 이루
지 않았던가. 바로 그 시기부터 우리 기업들도 일본의 경쟁
력에 도전했다. 세계 경제의 흐름에는 사이클이란 것이 있어
서, 다른 나라의 사례를 보면 우리의 앞날을 예측할 수도 있
고 대비할 수도 있다.

도쿄올림픽을 계기로 승승장구하던 일본은 그 뒤 9년 만인
1973년 제1차 오일 쇼크로 인해 큰 위기를 겪었다. 이때부터
3~4년간 일본의 기업들은 적자에 허덕였고, 그 위기에서 벗
어나기 위해 부단한 혁신 노력을 시작했다. 우연치고는 너무
나 절묘하게도, 우리나라 또한 88올림픽을 개최한 지 9년 만

인 1997년에 외환위기로 크나큰 어려움을 겪었다. 이를 보면 우리나라와 일본이 24년의 시차를 두고 유사한 사이클을 밟고 있음을 볼 수 있다.

문제는 과거가 아니라 미래다. 1988년 서울올림픽이 열린 지 20년 만인 2008년 중국 베이징에서 올림픽이 열렸다. 우리나라나 일본의 경우를 생각해볼 때, 중국이 올림픽을 계기로 산업경쟁력을 공고히 하고 세계적인 기업을 키우며 고속 성장할 것은 불을 보듯 뻔한 일이다. 벌써부터 우리 경제에 많은 영향력을 행사하고 있는 중국은 전 산업 분야에 걸쳐 우리에게 큰 위협이 될 것이다. 우리나라와 중국 간 수출입 품목을 살펴보면, 중국으로부터의 수입은 아직은 저부가가치 범용 제품, 저중급 기술 위주이지만 현재 양국의 경제 발전 속도 차를 감안하면 가까운 장래에 산업경쟁력의 역전도 가능하다는 예측이 나온다. 이는 곧 우리 경제에 거대한 위기 상황을 가져다줄 것이다.

이제 우리에게 남은 과제는 뼈를 깎는 혁신을 통해 중국의 도전에 영향을 받지 않을 만큼 경쟁력을 키우는 일이다. 앞으로 몇 년이 중요하다. 그 시기는 우리가 선진국으로 가느냐, 중국에 밀려 결국 낙오하고 마느냐를 좌우하는 결정적 시기가 될 것이다.

다가온 경제 위기 역시 마찬가지다. 이 위기를 통해 한국 경제는 또 한 번의 고통스러운 구조조정을 완수하고 더 나은 미래로 나아가야 할 임무를 갖게 되었다. 위기를 갱신의 기회로 활용하지 않으면 한국 경제는 말 그대로의 '나락'으로 빠질 가능성이 높다. 그 가능성의 현실화를 우리의 힘으로 좌우할 수 있는 시간은 그리 많지 않다.

그렇다면 어떻게 중첩된 위기를 뿌리칠 수 있을 것인가? 나는 삼성의 경험에서 배워야 한다고 본다. 1980년대 일본 기업의 세계 시장 제패, 1990년대 미국 기업들의 세계 시장 쟁패의 밑바탕에는 과감한 경영혁신 활동이 있었다. 삼성이 오늘날 이렇게 강해진 이유도 마찬가지다. 삼성은 국내 어느 기업보다도 먼저 미국, 일본의 선진 경영혁신 기법을 도입했다. 삼성 역량의 핵심은 그것들을 내재화하는 데 성공한 점이다.

1970년대 오일 쇼크로 위기를 맞은 일본 기업들이 IE, VE, JIT, RIAL 등 경영혁신을 대대적으로 추진할 때, 일본은 경영 컨설팅의 전성시대라고 불릴 만큼 혁신 열기가 대단했다. 그 결과 국가경쟁력을 회복해 10년 만에 미국을 추월했다. 일본의 대기업들이 자생력을 갖추게 되자 JEMCO, JMAC 등 경영 컨설팅 업체들은 더는 자국 내의 컨설팅 수요를 찾을 수 없었다. 그래서 우리나라 등 주변국으로 진출하기 시작했다. 이때 우리나라에서 가장 먼저 경영혁신 기법을 도입한 곳이 바로 삼성이다.

1980년대는 미국 기업들이 리엔지니어링, 리스트럭처링, ERP, 6시그마 등의 경영혁신을 활발하게 추진하던 때였다. 그리고 1990년대에 들어서면서 미국 기업들은 경쟁력을 회복했고, 미국의 컨설팅 업체들은 아시아로 진출했다. 일본의 기업들은 미국의 혁신 기법을 도입하는 데 소극적이었지만 삼성은 맨 먼저 미국의 혁신 기법을 도입해 경영혁신을 가속화했다. 1994년 삼성전자가 국내 최초로 ERP 시스템을 구축했고, 1996년 삼성SDI가 국내 최초로 6시그마를 도입한 것은 결코 우연이 아니다.

후발 주자에게는, 선발 주자들이 가진 장점을 신속하게 자기 것으로 만들 수 있다는 이점이 있다. 초우량 기업의 혁신 모델을, 하드웨어가 아닌 소프트웨어를 모방하라. 모방을 통해 기초를 착실히 다져야 그 다음으로 나아갈 수 있다. 창조는 모방에서 시작된다. 내가 원숭이의 모방 능력을 배워 창조의 길로 나가야 한다고 강조하는 것도 같은 맥락이다.

가치 혁신(VI)을 통해 '특별한 새로움'을 손에 넣어라

1950년 일본의 미야자키현 무인도에는 원숭이 20여 마리가 서식하고 있었다. 이들의 생태를 관찰하던 생물학자들은 한 가지 기이한 현상을 발견했다. 원숭이 한 마리가 흙투성이 고구마를 물에 씻어 먹으니까 나머지 원숭이도 물에 씻어 먹더라는 것이다. 얼마 뒤 과학자들은 더욱 놀라운 모습을 발견했다. 무인도에서 멀리 떨어진 다카자키 산에 서식하던 원숭이 무리 역시 고구마를 씻어 먹게 된 것이다. 이들 두 원숭이 집단 사이에는 어떤 교류도 없었다. 씻어 먹는 기술을 습득한 어떤 원숭이가 산으로 찾아가 기술을 전수해준 것도 아니었다.

이를 통해 과학자들은 한 가지 이론을 발견했다. 어떤 행위를 하는 개체 수가 일정 수(임계점)에 이르면 그 집단 내에만 국한되지 않고 거리나 공간을 넘어 확산된다는 것이었다. 미국의 과학자 라이언 왓슨은 이런 불가사의한 현상을 가리켜 '101마리째 원숭이 현상'이라고 불렀다. 특정한 행동을 하는 개체 수의 증가가 전혀 관계가 없는 다른 곳의 개체들에게까지 영향을 미쳐 모방을 불러일으키고 대세를 이룬다는 것이다. 기업 경영에서도 이런 경우는 많다. 예를 들어 몇몇 기업이 인재의 중요성을 깨달아 적극적인 육성책을 도입한다. 그러면 얼마 뒤 그 기업들과는 교류도, 상관도 없던 기업들까지도 비슷비슷한 정책을 우후죽순으로 운영하는 걸 볼 수 있다. 이 역시 임계

점에 따른 동일 행동의 확산이라는 관점에서 볼 수 있을 것이다.

하지만 기업은 그것에 머물러서는 안 된다. 같아지려고 모방을 하는 것이 아니라 그보다 뛰어나게 되려고 모방을 하는 것이기 때문이다. 이것이 모방을 통한 창조 경영의 본질이다. 그렇다면 모방을 통해 어떤 창조를 지향점으로 삼아 나아가야 할 것인가? 나는 기업이 모든 활동의 영역에서 남보다 먼저 가치 혁신(VI; Value Innovation)을 시도함으로써 특별한 새로움을 손에 넣어야 한다고 생각한다. 예컨대 특정한 혁신 방법을 모방했다면 그조차 가치 혁신의 대상으로 삼고 재빨리 더 새롭고 우수한 길로 나아가야 한다.

시장의 경우는 어떨까? 마찬가지다. VI를 통해 신기술을 연구 개발하고 참신한 아이디어를 바탕으로 새로운 시장을 창출해야 한다. 즉 기술 혁신을 통해 기존의 경쟁자를 물리치는 차원이 아니라, 아예 이전까지의 상품이나 서비스가 제공하지 못한 새로운 가치를 찾아 전혀 다른 시장을 개척하는 데 중점을 두는 것이 확실한 승리의 기반이 될 수 있다는 것이다.

가치 혁신을 통한 경영 전략인 VI 개념은 프랑스 인시아드 경영대학원의 김위찬 교수와 르네 마보안 교수가 1990년대 중반 처음으로 만들어냈다. 널리 알려졌듯이 김위찬 교수는 '블루오션'으로 유명해졌는데, 그 블루오션을 창출하는 기법이 바로 VI다. VI는 한마디로 고객가치에서 남들이 미처 생각지 못한 것을 찾아 개발하라는 것이다.

CGV와 같은 멀티플렉스 영화관을 예로 들 수 있겠다. 이는 본래 유럽에서 온 것이다. 유럽의 영화관들이 불황에 빠졌을 때 한 업자가 영화관이 제공하는 가치가 무엇인지를 정의해보았다. '영화를 싸게 본다', '안락하게 본다', '함께 온 사람들과 즐긴다' 등 다양한 고객 가치를 열거해본 후 현재 영화관의 문제가 무엇인지를 생각했다. 당시 유럽 영화관은 좁고 어두침침한 데다 지저분하기까지 했다. 값은 쌌지만 생활수준이 높아지면서 요구되는 고객가치와는 거리가 멀었다. 그래서 그 영화업자는 값은 조금 비싸더라도 새로운 시대의 고객들이 원하는 영화관을 만들기로 결정했다. 이를 위해 넓은 공간과 주차장, 그리고 주변에 문화 공간이나 식당을 함께 만들어 고객들이 편안하게 즐길 수 있도록 했다. 그리고 여러 영화를 상영해 고객들이 골라볼 수 있도록 했다. 고객의 요구에 맞추어 새로운 시장을 창출한 것이다. 그 결과 젊은이들이 엄청나게 몰리면서 사라져가던 영화관 사업을 되살려냈다.

VI는 2000년 이후 세계 각국의 대기업들이 기업 경영 전략으로 채택하면서 새로운 경영 이론으로 주목받기 시작했다. 삼성전자는 VIP 센터를 만들고 VI를 중심으로 혁신을 단행했다. 그렇게 만들어진 제품은 곧 블루오션 제품이 되었다.

닭

규칙과 절차의 중요성을 구현한다

닭에게는 '오덕(五德)이 있다고 한다. 머리의 벼슬(冠)은 문(文), 즉 지식을 상징한다. 날카로운 발톱은 무(武)의 덕, 적 앞에서 물러나지 않고 싸우는 용(勇)의 덕을 보여준다. 인(仁)은 모이를 서로 나누어 먹음에서 드러나고, 신(信)은 밤을 지켜주고 때를 어기지 않음을 상징한다.

닭의 덕 가운데 우리에게 가장 친숙한 것이 '신'이다. 닭은 새벽이 되면 큰 소리로 울어 사람들을 깨운다. 우리 조상들에게 닭 울음소리는 밤에 돌아다니던 귀신들을 쫓아 보내는 소리였다. 그처럼 중요한 의미를 담고 있는 닭 울음소리가 제시간에 들리지 않으면 어떻게 될 것인가? 닭이 초저녁에 울면 재수가 없다고 한 이유가 여기에 있다.

닭 울음으로 하루를 시작하듯, 기업의 일에도 체계가 있어야 한다. 정해진 시간에 닭이 울 듯 혁신도 룰과 제도로 정착돼야 힘이 이어진다.

룰과 프로세스를
확립하라

아우토반의 룰과 과학적 관리

전 세계의 고속도로 가운데 가장 훌륭한 시스템으로 독일의 아우토반을 많이 꼽는다. 아우토반은 속도 제한이 없지만 (일부 구간은 속도 제한이 있다) 우리나라 고속도로보다 사고가 적게 난다. 아우토반이 설계 단계부터 시공까지 아주 완벽했기 때문일까? 아니면 그 도로를 이용하는 자동차가 주로 벤츠 같은 것이어서 시속 200~250km를 달려도 엔진 과열이 일어나지 않기 때문일까? 그러나 그것만으로는 설명할 수 없다. 뒤에서 달려오는 차를 위해 알아서 비켜주는 멋진 룰과 에티켓이 없다면 아우토반은 그다지 효율적인 고속도로가 되지 못했을 것이다.

룰은 그것을 따라야 하는 개인에게는 불편하게 느껴질 수 있다. 그러나 룰이 없으면 전체가 효율적으로 움직이지 못하게 되고 결국 개인이 불편해지게 된다. 스포츠 경기에서 선수들이 룰을 제대로 지키지 않으면, 또 심판이 룰을 공정하게 적용하지 않으면 선수 개개인은 자신의 최고 역량을 발휘할 수 없다. 팀워크를 통한 시너지를 창출하지 못하면 관중(고객)을 만족시키는 멋진 경기를 연출할 수도 없다.

세종대왕의 업적 가운데 황종률관(黃鐘律管) 제작을 빼놓을 수 없다. 유교 이념을 실현하는 데 음악은 매우 중요한 요소였다. 음악은 인격을 완성하고 사회의 풍습을 순화하며, 정치를 고르게 하여 국가를 다스리는 데 매우 중요한 수단이었다. 유교 철학은 나쁜 음악이 성행하면 사회가 혼란해지고 결국 나라가 망한다고 생각했다. 세종은 12음 중 가장 기본이 되는 음인 황종음(서양의 음계로는 도, 즉 C음)의 정확한 음고를 확정하기 위해 황종음을 내는 세로 관대(황종률관)를 수차례에 걸쳐 만들었다. 음악을 발전시킬 기본 룰을 다진 것이다.

태평양전쟁 시기의 만철(만주철도)에 관해 쓴 책에 나오는 이야기이다. 일본이 1907년에 만주철도를 건설했는데, 만주 경영의 주체가 만주철도였다. 만주철도 조사과는 1920년대 중반 노천 탄광에서 광부들이 한 삽을 뜰 때 얼마만큼 뜨는 것이 효율적인가를 세밀하게 조사했다. 한 삽에 많은 양을 푼 사람은 힘이 부쳐 속도가 느려지고, 조금 푼 사람의 경우 속도는 빠르지만 양이 적었다. 이를 데이터로 하여 생산성을 가장 극대화하려면 한 삽을 뜰 때 얼마를 떠야 하는지 계산하고, 이를 실제로 일에 적용하게 했다. 과학적 방법론 하면 제일 먼저 생각나는 사람이 테일러이다. 그러나 테일러 이전에 이미 과학적 관리법은 현장에서 적용되고 있었다.

이처럼 모든 일의 시발점이 될 규칙을 정하고 그에 따라 제반 업무를 관리하는 일은 예나 지금이나 초미의 관심사였다. 나라를 다스리는 일, 기업 활동을 하는 일, 심지어 전쟁을 하는 일에서도 룰과 프로세스는 성과를 높이는 필수 요소로 평가받았던 것이다.

왜 선진국을 따라잡을 수 없는가?

군대에 있을 때 나도 이와 비슷한 경험을 했다. 당시 야전 교범이라고 하여 기관총 벙커에 관한 설계 표준이 있었다. 미군의 경험을 토대로 만들어진 것이었다. 우리나라는 무장 간첩 김신조 사건이 터진 다음에 만들기 시작했다. 미1군단

공병대에서 기관총 벙커를 만드는 기술을 훈련받은 뒤 배운 대로 벙커를 지어야 했다. 벙커는 자갈, 흙, 풀을 얹어 만든다. 이 벙커를 만들고 포 한 방을 쏘아 끄떡없으면 과잉 투자인 셈이며, 한 번에 내려앉으면 너무 약한 것으로 판명했다. 원래 벙커의 설계·시공 기준은 미국의 시멘트와 기후 온도, 미군의 작전 환경 등에 맞게 제정된 것이다. 한국군의 사용 환경과 다르기 때문에 설계 표준을 한국 실정에 맞춰 다시 표준화하기 위하여 실제 실험으로 확인한 것이다. 과학적·합리적인 관리를 시도한 것이다.

진지 간의 간격을 정하고 각 지휘관의 위치를 정할 때는 사단장의 위치가 중요하다. 미1군단 산하에 한국군이 들어가 있었다. 우리는 지형, 지물을 토론하고 그림을 그리면서 진지를 정하고 지휘자의 위치를 설정하는데 이 과정 자체는 미군보다 훨씬 속도가 빨랐다. 그러나 이를 상부에 보고하고 수정하고 재보고하는 데 한 달이 지나갔다. 반면 미군은 사령관, 지휘관 등의 위치가 어디에 설정되어야 하는지를 분석한 뒤 사단장이 헬기로 진지를 둘러보고 "내 위치는 여기"라고 확인을 했다. 그러면 1연대장의 위치를 정하기 위해 왜 그 위치여야 하는지를 데이터를 가지고 설명한다. 대대장급만 위치를 정하면 이하는 자동으로 설정되었다. 직접 보고 결정하므로 따로 결재할 게 없었다. 왜 이런 차이가 났을까? 한국군에 제대로 된 결재 규정이 없었기 때문이다.

기업 경영에 뛰어들면서 나는 미국의 시스템이 지닌 생산성과 효율성을 더욱 뼈저리게 느꼈다. 1979년 삼성전자에 있을 때 미국의 GE와 에어컨 합작 사업을 추진한 적이 있다. 당시 2차 오일 쇼크의 여파로 실제로 성사되진 못했지만 기술 담당으로서 GE측과 함께 사업 계획을 짰다.

삼성전자는 연 50만 대를 생산한다는 계획을 잡았다. 한 달에 4만 대꼴로 생산해야 하는 일정이었다. 그러나 처음부터 그렇게 하기는 어렵다고 생각해 첫 달은 몇 천 대, 3개월 뒤에는 1만 대 등으로 점차 생산량을 늘려가다가 6개월 뒤에는 4만 대를 달성한다는 식으로 계획을 짰다. 그랬더니 GE 측은 왜 처음부터 4만 대가 나오지 않는지 의아해했다. 그에 대해 우리는 설비와 자재 등 모든 것이 새 것이기 때문에 체제에 적응하기 위한 시행착오를 겪게 될 것이라고 답했다. 이후 안정되기까지 6개월은 걸린다는 이야기였다. 그러자 GE 측은 설비나 자재 등을 설치하기 전에 전부 검증을 해 완벽한 상태에서 시작하면 되는 것이고, 사람 역시 사전에 훈련해 100% 작업할 수 있도록 하면 되는 것 아니냐고 반문을 해왔다. 사실 할 말이 없었다. 그래서 GE의 의견에 따라 계획을 다시 세웠다. 비록 성사되지는 않았지만 어느 것이 더 타당하고 합리적인 계획인가는 두말할 필요가 없었다.

나는 그때 미국 기업과의 생산성 격차가 어디서 비롯되는 가를 확실히 깨달았다. 그것은 바로 과학적 관리 능력의 차이였으며 그 안에 녹아 있는 핵심은 룰과 프로세스가 어떻게, 어떤 수준으로 확립되느냐였다.

잠재력은 룰과 프로세스를 통해 폭발한다

이런 예에서도 드러나듯, 룰과 프로세스는 과학적 의사결정을 가능하게 해주는 동시에 잠재력을 폭발시키는 인큐베이터, 즉 발화 장치의 역할을 한다. 달리 말하면 원석을 캐내 보석으로 만들어가는 작업 공정에 비유할 수 있다. 삼성SDI에 근무할 때 있었던 일이다. 삼성SDI의 최초 해외 공장은 말레이시아와 독일에 지었는데 여러 모로 부족한 점이 많았다. 그런 점들을 현장에 지적하니 그쪽 사람들 하는 얘기가 "신규 사업으로 해외 공장을 짓는데 우수한 인재들을 보내주었으면 정말 잘 지을 수 있었을 것이다. 그런데 좋은 사람은 안 보내주고 부족한 사람만 보내주니까 이 정도밖에 못한다"는 것이었다.

그래서 멕시코에 세 번째 공장을 지을 때는 기술, 생산, 품질 관리, 자재, 설비 등 모든 부분에서 최고의 인재를 뽑아 드림팀을 만들었다. 그러나 기대와 달리 6개월이 지났는데도 생산성이 오르지 않았다. 현장에 가서 확인해보니, 모든 분야의 전문가들이 제각각 자기주장만 내세우며 따로 움직이고 있었다. 최고의 공장을 짓기 위해 우수한 인력을 파견했는데 최적화를 이루지 못하고 있으니 답답한 노릇이었다. 리더가 리더십을 발휘하지 못했다는 문제점도 있지만, 이 역시 사람의 능력을 룰과 프로세스 안에 정착시키지 못한 것과 깊은 관계가 있었다. 보석이라고 보내놨는데 겨우 원석 역할밖에는 못한 것이다.

이를 계기로 우리도 룰과 프로세스를 확실하게 만들어놓기로 결심했다. 국내외 경험을 통해 가장 믿을 만한 자재와 설비를 채택하고, 공정 기준과 직원 교육 매뉴얼을 작성하는 등 룰과 프로세스를 모두 새롭게 정립했다. 당시 이 작업을 위해 전 세계 각 공장의 리더들을 한자리에 모았다. 더불어, 선진 기업들을 벤치마킹한 뒤 ISO9000을 통해 '룰 지키기', '표준 만들기'를 시작했다.

이러한 표준이 처음으로 적용된 곳이 중국의 심천 공장이었다. 놀랍게도 1개월 만에 원하는 수준에 도달할 수 있었다. 모두들 사회주의 국가인 덕분에 일하는 사람들이 룰 지키기에 훈련이 잘되어 있어서 그렇다고 생각했다. 그러나 내 생각은 달랐다. 사회주의 국가여서가 아니라 올바른 룰과 프로세스가 적용된 것이 효력을 본 것이다.

그 다음 현장은 세계에서 가장 열악한 환경이라는 브라질 공장이었다. 심천 공장의 경험을 바탕으로 프로세스 표준을 재정비하고 설비와 자재 문제들을 다 해결하고 반영했다. 그랬더니 놀라운 일이 벌어졌다. 불과 닷새 만에 공장이 정상화된 것이다. 그러고 나서 6개월쯤 뒤에 천진 공장을 가동했는데 이곳도 닷새 만에 해냈다. 이런 경험을 통해 나는, 사람들을 제대로 교육시키고 설비를 제대로 점검한 뒤 모든 표준을 룰대로 지키기만 한다면 공장을 가동하자마자 100% 생산성을 올릴 수 있다는 확신을 갖게 되었다.

그런데 공장 정상화가 빨리 이뤄지자 이제는 영업자들이 어려움을 겪었다. 이전에는 6개월 동안 생산이 증가하는 데 맞춰 천천히 팔아도 되었건만 이제는 공장을 가동하면 닷새 만에 물건이 나오니 산더미처럼 재고가 쌓이는 것이다. 그래서 영업하는 사람들도 공장을 세운다고 하면 1년 전부터 미리 시장을 개척하고 판매를 준비하게 되었다. 정상화에 6개월 걸리는 것과 닷새 만에 이루는 것에는 400억 원이라고 하는 초기 손실 비용의 차이가 있다. 건설 비용으로 약 1000억 원 정도가 들어갔다. 1000억이라는 설비 투자에 비해 400억이라는 이익의 차이는 실로 엄청난 것이다. 그래서 새로운 프로세스에 의해 세워진 공장은 돌리기만 하면 1년 만에 흑자가 나는 체제가 되었다. 잠재력이 폭발한 것이다.

잠재력을 가진 한국인들은 게임의 룰만 잘 만들어주면 그 성장 가능성이 무한대이다. 어쩌면 우리나라 사람이 룰을 지키지 않는 것이 아니라 우리가 한 번도 그런 룰을 만들고 그것을 지키려 하지 않았기 때문에 정착되지 못한 게 아닌가 하는 생각도 든다. 명심하자. 혁신의 뼈대는 룰과 프로세스에 있다.

노 프로세스 노 워크!

룰과 프로세스가 중요한 또 하나의 이유는 그것이 지켜져야 통계적 데이터가 안정적으로 나올 수 있고, 이를 토대로 문제의 근본 원인을 찾을 수 있기 때문이다. "노 프로세스 노 워크(No Process No Work)", 즉 프로세스가 없으면 효과적인 작업도 없다.

일본은 왜 강한가? 어떻게 강해졌는가? 일본의 모든 작업 현장에 가면 '작업 지도서' 라는 매뉴얼이 있다. 작업 순서와 주의 사항 등 작업 시 지켜야 할 모든 사항과 방법을 기록해 놓은 것이다. 일본의 작업 현장에서는 모든 사람이 그런 매뉴얼을 붙여놓고 그대로 실행한다. 설비와 자재도 거기에 적힌 대로 관리한다. 이처럼 모든 조건이 똑같은 상태에서 물건이 만들어지면 데이터가 축적되어 불량의 요소를 정확히 찾을 수 있다. 즉 어떤 공정에서 불량이 나면 공장의 품질 관리와 개선을 맡은 사람들이 불량이 나는 모든 공정의 데이터를 분석하여 어떤 요소로 인해 불량이 나오는지를 알게 된다. 그에 따라 모든 요소들을 데이터로 분석해 근본 원인을 찾아 하나하나 없애나가면 언젠가는 불량 제로 상태가 되어 완벽한 품질을 보장할 수 있다.

일본처럼 우리나라도 작업 지도서를 만든다. 그러나 아무도 작업 지도서에 있는 대로 실행하지 않는다. 사흘만 지나면 나름대로 아이디어를 내 다르게 작업을 하는 것이다. 나중에 불량이 나와서 분석을 하면 데이터가 있어도 전부 다른 요인에 의해 만들어지니 근본 원인을 찾기가 어렵다. 품질 보증, 즉 ISO9000의 기본 원리는 스펙이 정한 대로 하면 반드시 근본 원인이 나온다는 것이다. 그런데 이게 잘 지켜지지 않았다.

6시그마도 ISO9000의 기본 원리에서 출발한 것이다. 모든 것을 통계적으로 풀어 해결하는 방식인데, 그러려면 데이터가 공정상의 전체 현상을 있는 그대로 반영해야 한다. 하지만 작업하는 사람마다 설비 조건을 달리 하면 데이터에 신뢰성이 없어질 수밖에 없다.

삼성은 이 '노 프로세스 노 워크'에 수업료를 많이 지불했다. 아이아코카가 크라이슬러 회장을 했을 때 그곳에서 품질경영을 담당하던 사람을 아주 비싼 돈을 들여 초청해서 프로세스 컨설팅을 받은 적이 있다. 그런데 우리 쪽 부장들은 그 컨설팅이 하나도 도움이 안 된다며 불만을 토로했다. 반면, 컨설턴트는 부장들이 말귀를 못 알아듣고 협력을 하지 않더는 가르칠 수 없다고 했다. 대체 무슨 일이 있었을까?

당시 문제는 라인에서 불량이 났는데 그 원인을 찾을 수 없다는 것이었다. 그 상태를 보고 컨설턴트가 "지금 3% 불량이 나고 있는데 30% 불량이 나도 좋으니까 공정의 모든 조건을 룰대로 해달라"고 요청했다. 즉 공정 조건들을 바꾸지 말고 현 프로세스가 그대로 노출될 수 있도록 해달라는 것이었다. 그러나 3조 3교대를 할 때마다 모두 다르게 조작했기에 올바른 데이터를 잡을 수가 없었다. 그러니까 근본원인도 못 찾고 공정도 안정시킬 수 없었다. 모두가 그걸 깨우치기까지는 3개월이 걸렸다. 룰과 프로세스를 만드는 것도 중요하지만 왜 룰과 프로세스가 필요하고 그것을 지키면 어떤 효과가 있는지를 공유하는 것이 더 중요하다.

룰과 프로세스는 CEO 위에 존재한다

프로세스에 들어가는 인풋(Input)은 사람, 돈, 재료 등으로 이런 것을 집어넣으면 어떤 형태로든 가공되어 아웃풋(Output)이 나온다. 결과적으로 제품도 되고 서비스도 되고 업무 처리도 된다. 그런데 우리나라는 프로세스에 따라 자동으로 처리되는 것은 약 5%뿐이고 비정형으로 그때그때 사람이 처리하는 것이 95% 정도다. 때문에 일이 굉장히 많고 복잡하게 얽혀 있다.

미국의 선진 기업들은 단 5%가 예외일 뿐 전체 작업의 95%가 컴퓨터 시스템을 통해 자동으로 처리된다. 은행에 돈을 빌리러 가도 자신의 데이터를 넣으면 얼마를 빌릴 수 있는 신용인지 금세 알 수 있다. 그래서 직원에게 결재를 받고 말고 할 이유가 하나도 없다. 창구에 있는 여직원은 데이터만 입력해주면 되는 것이다. 이런 것이 자동화하고 정형화하는 것의 차이라고 생각한다. 결국 "95%를 어떻게 하면

정형화된 것으로 바꾸고 예외 사항을 5%로 줄일 것인가?"
하는 과제가 우리 기업이 풀어야 할 가장 시급하고 중요한
문제다.

　한국은 룰을 만들고 제도를 정비해도 그것이 축적되지 못
하고 단절되는 경우가 많다. 룰과 시스템을 한번 적용했으면
결과가 나올 때까지 기다려야 하는데 그러기 전에 또 다른
룰로 바꿔버린다. 남이 뭐라 하면 우선 반항하고 보는 것이
한국 국민의 특성이라는 생각마저 들 때가 있다. 룰을 깨고,
바꾸고, 사장 마음대로 하니 룰의 의미가 없어진다. 직원들
까지 그런 생각에 물든다. 룰을 말해봐야 별 의미가 없다고
받아들이는 것이다. 바로 이런 점이 문제다. 그러나 룰과 프
로세스는 CEO 위에 존재한다. 악법도 법이다. 인치가 아니
라 법치를 확립해야 하는 것이다.

　이제 무슨 일이든지 그 결과를 따질 때는 "어떤 프로세스
가 어떻게 잘되어서 또는 어떤 프로세스가 어떻게 잘못되어
서 이런 결과가 나왔지?"라고 질문해야 한다. 항상 프로세스
로 생각하고, 프로세스의 질을 올리려는 생각을 해야 한다.
그러나 대개는 어떤 결과에 대해 "제가 열심히 잘 챙겨서"
아니면 "제가 제대로 챙기지 못해서"라는 답을 한다. 이것은
옳은 답이 아니다.

임원직이나 사장이 자리에 없다고 해서, 즉 챙길 사람이 없다고 잘 돌아가지 않는 조직이라면 6시그마 수준의 조직이 아니다. 그냥 내버려둬도 프로세스로 돌아가는 그런 조직이 되어야 한다. 6시그마 활동이라는 것은 프로세스의 수준을 6시그마 수준으로 올리기 위한 활동이다. 그래서 6시그마 활동은 프로세스 혁신(PI)의 연장선에 있는 것이다. 6시그마 활동은 프로세스 혁신(PI)을 포괄하는 위치에 있다. 프로세스 혁신을 바탕으로 하지 않고 추진하는 6시그마 활동은 반드시 실패한다는 것을 알아야 한다.

역할과 권한 위임의 경계를 명확히 하라

룰과 프로세스의 중요성은 역할과 권한 위임과도 관계가 있다. 우리나라 기업은 직급에 따라 역할이 따로 있는데, 직무에 대한 명확한 규정이 잘 안 되어 있다. 아마 더 많은 일을 하려는 욕구가 반영된 것은 아닐까 한다. 그러나 본인이 아니라 후배나 타인이 할 수 있는 일이라면 전부 다 위임해 주어야 한다. 후배나 다른 동료가 하지 못하는 일을 내가 해야 한다. 기업에서 진급을 하면 대개는 기존에 하던 일을 전부 가지고 간다. 이전에 하던 일은 놓고 가야 하는데도 일을 끌고 가다 보니 범위는 넓어지는데 깊이가 없어진다. 그래서 대리급 부장이니, 과장급 임원이니 하는 말이 나온 것이다.

우리나라에서는 의사를 표현할 때 이심전심으로 무슨 뜻인지 안다. 그래서 리더십 파이프라인이 정해져 있지 않아도 일은 흘러간다. 그러나 서양은 이게 잘 안 통해서 룰을 지키며 일을 수행할 수밖에 없다. 그래서 외국 기업에서는 리더십 파이프라인을 강조한다. 각자의 역할을 제대로 인식하지 못하면 모든 게 헝클어진다.

미국은 룰 중심이라기보다는 한 단계 더 발전된 리더십 중심이라고 보아야 한다. 새로운 경영 시스템을 도입하기 위해 미국 사례를 연구해 실제로 그것을 우리나라에 도입해보면 제대로 돌아가지 않고 어설픈 경우가 많다. 우리나라는 조직이 사람 중심으로 돌아가게 되어 있기 때문이다. 사장 마음대로 하려 할 뿐 시스템화하려 하지 않는다. 그러나 룰을 만들고 시스템화해야 리더가 바뀌어도 조직이 무리 없이 굴러간다. 룰을 만들어 일을 진행하고 그것이 낡았으면 폐기한 후 새롭게 룰을 재정립하는 것이 미국이다. "와이프를 바꿔라"는 미국 시사 프로그램을 보면, 서로 집을 바꿔서 각각 상대 와이프의 생활을 보고 매뉴얼을 만들어본다. 그만큼 '매뉴얼'의 중요성이 밑바닥부터 받아들여지고 있다.

한국에는 가정부가 할 일에 대한 매뉴얼이 없지만 미국은 가정부가 할 일에 대한 매뉴얼이 있다. 매뉴얼을 어기면 페널티를 준다. 《Japan in USA》란 책에 따르면, 일본 기업은 1970년대 미국에 진출해서 많이 실패했다. 그 원인을 연구해본 결과, 경영 방침에 철저하지 않았기 때문임이 밝혀졌다고 한다.

일본 기업이 미국의 컨설턴트에게 세 번에 걸쳐 컨설팅을 받았는데 첫 번째는 "계약서나 서약서를 쓸 때 미국식대로 하나하나 모두 세세하게 써야 한다"고 조언했다. 두 번째는 하나하나에 대해 구체적인 작업 지시서(Job Description)를 조언했다. 세 번째는 "사람에게 룰만 있으면 뭐 하냐, 페널티가 없으니 일을 안 하는 것이다. 법이 있고, 안 지키면 처벌을 하니까 지키는 게 아니냐"라고 했다고 한다. 일본 기업은 세 번의 컨설팅을 통해 비로소 미국 사람을 다루는 방법을 알아냈다. 일본만 해도 작업 지시서니 표준서니 하는 것이 있기는 했지만 대체로는 이심전심으로 일 처리를 하는 경우가 많았던 것이다. 우리나라의 경우는 대충 말로 전달하며 일을 하게 한다. 그래서 일이 꼬이고 난 뒤에는 네가 잘했느니 내가 잘했느니 핏대를 올려 싸운다. 이게 이심전심인가?

국내 기업들도 누구에게 어떤 역할과 어떤 책임을 맡겨야 한다는 것까지는 정해놓고 있다. 그러나 룰에 대해서는 형식적으로만 생각한다. 우리가 해온 일을 글로 써놓으니 좋기는 하지만 여전히 일이란 그냥 하면 되는 것으로 여긴다. 책임에 대해 분명한 선을 그으려고 하면 대부분 이를 거부한다. 일의 시작부터 결과에 대한 책임까지를 연계하려고 하면 다들 싫어한다.

대개 한 나라가 국민소득 1만 달러에 이를 때까지는 성장의 속도가 빠르다. 이 시점까지는 체계적인 룰이 없어도 그때그때 서로 보완하면서 일하면 된다. 그러나 그 이후부터는 상황이 다르다. 3만 달러, 4만 달러 국가로 가려면 체계적이고 전략적이지 않으면 안 된다. 일본은 1900년대 공장에서도 작업 지시서를 만들어 그대로 일하는 풍토가 있었다. 같은 동양 문화권인데도 일본은 룰을 중시한다. 그래서 일본은 표준화가 훨씬 발달했다. 일본 사람들은 룰이 만들어지면 지키려고 하지만, 한국 사람은 룰을 깨려는 국민적 특성이 있다. 우리도 이제 룰과 프로세스의 중요성을 깨달을 때가 되었다. 개개인이 맡은 역할에 대해 인식하고 커뮤니케이션하는 것이 중요하다. 그래야 진짜 이심전심이 가능해진다.

프로세스를 만드는 이유는
프로세스를 더 빨리 바꾸기 위해서다

6시그마 활동은 삼성 신경영의 실천적 수단이다. 신경영의 기본은 '인간미, 도덕성, 예의 범절, 에티켓' 이다. 이것이 삼성헌법이다. 삼성헌법은 룰과 프로세스의 근간을 이루는 기본 중의 기본이다. 신경영으로 인해 질 위주 경영이 가속화되고 관계사 간의 경쟁과 협력(Coopetition)이 촉진되어 삼성은 오늘날 막대한 효과를 거두었다. 예를 들면 갑(삼성전자)과 을(삼성전기)이 거래할 때 갑은 일본 경쟁업체의 가격을 기준으로 하여 FOB(수출지에서 선적 완료 때까지의 비용), CIF(FOB+운임보험료 포함 가격) 기준으로 하지 않고 공장도 가격 이하로 요구한다. 그리고 을은 CIF와 같거나 높은 수준을 요구하며 서로 경쟁한다. 그룹 내 기업이면서도 외부 기업과 같은 기준으로 경쟁과 협력을 하는 것이다. 비싸면 사지 말고 싸게 달라면 팔지 않는 철저한 독립 경영을 추구한 결과가 바로 오늘날 삼성이 쌓아올린 글로벌 경쟁력이다.

요즘 많은 기업이 프로세스 혁신을 외치며 나름의 룰과 프로세스를 확립하기 위해 노력한다. 그러나 프로세스 혁신에서 대부분의 기업들은 프로세스 표준을 만들어놓고는 거기에 고착되는 문제를 겪는다. 이런 현상이 나타나는 건 프로세스를 만든 이유를 철저히 자각하지 못하기 때문이다. 프로세스를 만드는 이유는 무엇인가. 프로세스를 더 빨리 바꾸기 위해서다. 프로세스 표준을 만들었으므로 이제 다 된 것이 아니다. 그러나 그런 식으로 오해하는 기업이나 사람들이 너무 많다. 이와 반대로 생각해야 한다. 프로세스란 철옹성이 아니다. 그것을 어떻게 올바로 지켜나갈지, 그리고 궁극적으로는 어떻게 허물어 더 나은 수준으로 나아갈 것인가를 끊임없이 고민해야 하는 것이다.

돌이켜보면 IMF 외환위기의 본질도 경영품질의 위기였다. 대부분의 기업이 컨설턴트나 외부 전문가 집단에만 의존했고, 방법론 하나하나를 개선 도구(Tool)로 이해하고 조직의 낮은 차원에서만 추진하도록 했다. 경영 전체의 품질을 개선하여 그것을 조직문화로 정착해 '품질을 경영'하는 차원을 넘어 '경영의 품질'을 혁신해나가는 전사적 노력이 부족했던 것이다. 일류의 경영품질 경쟁력이 없으니 위기 앞에서 와르르 무너질 수밖에 없었다. 경영품질 혁신을 개선을 위한 수많은 수단의 하나쯤으로 치부했기 때문이다.

경영품질 혁신을 위해서는 삼성의 신경영처럼 최고경영자가 직접 나서야 한다. GE는 경영품질을 기업의 문화로 파악했다. 문화는 한번 성립하면 쉽게 바뀌지 않는다. 세대를 이어 진행해야 하는 기업의 근간이라는 뜻이다. 우리나라 기업도 총체적으로 경영품질 수준을 끌어올리지 않으면 세계적인 기업으로 성장할 수 없다.

최근의 위기는 어떤가? 금융으로부터 위기가 촉발된 것은 분명하지만 결국 우리가 최종적으로 감당해내야 하는 것은 생산과 소비 영역에서 일어나는 실물 경제의 위기이다. 이것을 어떻게 헤쳐나갈 것인가? 더욱 치밀한 경영품질이 해답일 수밖에 없다. 그것으로 더욱 굳건하게 소비자의 신뢰를 얻고 궁극에는 소비자로부터 보호받는 기업으로 재탄생하지 않으면 안 된다. 그것을 위해서도 룰과 프로세스를 더욱 높은 수준으로 끌어올려 질 높은 제품과 서비스로 고객을 사로잡지 않으면 안 된다. 이것이야말로 우리가 신새벽의 첫닭 울음소리로부터 배워야 할 경영의 지혜이다.

기업의 '제식 훈련법', IE·VE·QC

제식 훈련이 제대로 된 군대가 강한 법이다. 태권도에서도 기본 품새를 강조하고, 바둑에서도 정석을 알아야 높은 단까지 순조롭게 올라갈 수 있다. 요즘 한창 국위를 선양하고 있는 피겨 스케이트의 김연아 선수를 떠올려도 그렇다. 김 선수가 칭찬받는 건 점프 시 스케이트 날의 각도 조절 등에서 가장 룰에 가까운 기량을 선보이기 때문이다. 그래서 그녀에게는 '점프의 교과서'라는 닉네임이 붙었고, 이것이 세계 1, 2위를 다투는 성적의 비결이 되고 있다.

이런 기초적 룰로 IE·VE·QC라는 것이 있는데 이들 방법은 제조뿐 아니라 영업, 인사, 서비스 등 모든 분야에서 기본 역량으로 일컬어진다. 군대로 치면 제식 훈련에 해당한다고 볼 수 있다.

IE(Industrial Engineering; 산업 공학)는 모든 것을 데이터로 분석하는 과학적이고 합리적인 기술로, 이에 따라 생산성을 제고하기 위해 여러 가지 변화를 추구한다. 예를 들어 땅을 팔 때 무작정 작업에 들어가는 게 아니라 삽의 크기가 어느 정도일 때 가장 효과적인지, 삽에 흙을 꽉 채우는 것과 3분의 2 정도로 채우는 것 중 어떤 경우가 나은지 등을 따져 최적의 방법을 찾는다. 즉 과거 경험에 따라 일을 하는 것이 아니라 과학적인 분석 방법을 통해 효율적인 최적치를 찾는 것이다. 따라서 IE를 효과적으로 적용하면 기업의 생산성이 크게 올라간다.

삼성전자는 국내 기업 최초로 IE팀을 만들었다. 지금은 신세계 명예 회장으로 있는 정재은 회장이 당시 미국에서 산업 공학을 전공하고 돌아와 국내 기업도 IE를 도입해야 한다고 역설했다. 그에 따라 국내 최초의 IE팀이 삼성전자 경영기획실 내에 구성되었다. 필자도 삼성전자의 ERP 도입, 삼성SDI의 프로세스 혁신, 6시그마 도입 등의 업무를 맡았을 때 IE의 도움을 많이 받았다.

VE(Value Engineering; 가치 공학)는 원가 관리를 위한 과학적 방법으로, 코스트(Cost)와 가치의 함수를 어떻게 관리하느냐가 핵심이다. 누구나 돈을 지불하고 물건을 살 때 그 가치를 생각한다. 어떤 물건의 가치를 100만 원이라 생각할 경우 값이 50만 원이라면 주저 없이 산다. 반면 가치가 그보다 낮다고 생각한다면 구매하지 않을 것이다. VE는 기존 제품을 개량, 개선하여 원가 절감을 도모하는 데 적합한 방법이다. 원가를 낮추고 가치를 끌어올리는 경우가 가장 효과적이며, 원가를 그대로 두고 가치를 올리거나 가치는 바꿀 수 없지만 원가를 낮추는 것도 좋은 방법이다.

QC(Quality Control; 품질 관리)는 어떤 물건에서 원하는 기능을 원하는 시간만큼 사용할 수 있도록 하는 것이다. 이를 위해 자재 관리, 사람 관리, 설비 관리 등 모든 공정에 대한 관리가 요구된다. 한마디로 QC는 좋은 물건이 생산되도록 프로세스를 개선해나가는 것이다.

시간이 갈수록 제품의 기능이 다양해지고 설비가 고도화되면서 프로세스에서 발생하는 품질 문제도 복잡해졌다. 초기에는 간단한 통계적 기법으로 풀 수 있었던 문제가 점점 복잡해져서 SQC(Statistical Quality Control; 통계적 품질 관리)가 도입되었다. 이후 품질을 전문적으로 다루는 통계 전문가에게 품질 관리 문제를 전담하도록 했는데 그게 바로 6시그마다. 6시그마는 품질 관리 분야의 최고 전문가에 의한 통계적 분석을 통해 근본 원인을 찾아내고 문제를 해결해 양질의 제품이 생산되도록 하는 것이다.

삼성은 1969년에 일본의 업체로부터 QC를 도입했다. 1977년부터는 TQC(Total Quality Control) 바람이 불었는데, TQC는 제품 자체뿐 아니라 모든 비제조 부문에 걸쳐 업무 수행의 질을 높이려는 전사적 품질 관리 방식을 말한다. 당시 삼성은 마쓰시타 전자 부품의 사례를 토대로 표준 룰을 만들고 분임조를 편성해 품질 7단계를 도입했다. 이러한 노력에 힘입어 1978년에는 제1회 품질대상을 수상하기도 했다.

IE·VE·QC는 과학적이고 합리적인 경영의 기본이며, 그 토대가 잘 갖춰져 있어야 변화의 마인드를 조직 전체에 효과적으로 심을 수 있다. 아울러 기업 활동의 저변으로부터 지속적 동력을 제공받음으로써 '변화하면서 동시에 관리한다'는 목표를 성취하는 데 큰 도움을 얻을 수 있다.

3

상생의 기술

기업 그 이상을 경영하라

개 戌　　변하지 말아야 할 핵심 가치를 지켜라

돼지 亥　　더 많은 공헌을 꿈꿔라

개

충의로써 고객의 신뢰를 배반하지 않는다

개는 주인을 배반하지 않고 은혜를 갚으며 목숨을 걸고 주인을 지킨다. '돌아온 진돗개 백구' 이야기는 이런 개의 기질을 잘 보여준다. 1993년 진돗개의 고장 진도에서 대전으로 팔려갔다가 7개월 만에 80리 길을 달려와 주인 품에 안겨 세상을 놀라게 한 백구 말이다.

이처럼 개에게는 충견(忠犬), 의견(義犬)에 관한 이야기가 많다. 그러나 충견, 의견은 아무에게나 목숨을 걸지 않는다. 신의가 있는 사람을 위해 목숨을 바친다. 서커스에서 보면 개가 불타는 링을 통과하는 장면을 볼 수 있다. 개는 링 뒤에 있는 고깃덩어리가 탐나서가 아니라 조련사와의 신뢰 때문에 불속에 몸을 던진다. 그래도 문제가 생기지 않으리라는 조련사에 대한 믿음이 있기 때문이다.

기업도 고객과 사회적 가치를 지킴으로써 신뢰를 보여야 한다. 신의로써 기업 내·외부의 고객을 지키면 지속 성장과 일류 기업으로서의 발전은 자연스럽게 뒤따른다.

변하지 말아야 할
핵심 가치를 지켜라

'평천하(平天下)'의 경영이란 무엇인가?

세계적으로 화교와 유태인의 장사 실력을 높이 치지만 우리 민족의 상업 기술 또한 예로부터 유명했다. 중국과 일본뿐 아니라 동남아시아, 멀게는 아라비아와 유럽에까지 이름을 날린 개성상인, 고려 상인이 그 증거이다. 이런 명맥은 상업이 쇠퇴한 조선 시대까지도 면면히 흘렀다. 봇짐을 지고 팔도 방방곡곡을 누빈 보부상의 존재가 바로 그것이다.

'상업 기술'이라고 표현했지만 그것은 단순 기술 이상의 능력이다. 과연 이들 상인이 이름을 날리고 대대로 명맥을 유지할 수 있었던 비결은 무엇일까? 나는 신뢰가 그 핵심적인 바탕이었다고 생각한다. 고려의 개성상인은 신용 그 자체였다. 유통도, 장사도, 사업도 모두 고객과의 신뢰에 기초해서 펼쳐나갔다. 중국과 일본 상인들은 그들에 대해 '틀림없는 사람들, 장사 집단'이라는 인식을 갖고 있었으며, 그래서 그들과 거래를 트기 위해 사방에서 달려들었다.

보부상 역시 마찬가지다. 보부상은 태조 이성계 시절부터 존재했다. 이들은 조직화되어 있어서 전국적으로 네트워크를 형성했다. 그러한 네트워크 역시 신용이 기반이 되었음은 물론이다. 그래서 이성계는 조선을 개국한 후 보부상의 네트워크를 활용한 통치를 지속적으로 펼쳐나갔다. 게다가 보부상은 장사뿐 아니라 사회적 신뢰의 영역까지 개척해나갔다. 임진왜란 당시 의병이 일어섰을 때 보부상들이 커다란 역할을 담당했던 것이다.

신뢰, 신용의 문제는 장사뿐만 아니라 사회 전체를 운영해나가는 원리로 작용하기도 했다. 가령 조선 시대에 세워진 4대문을 봐도 우리 선조가 얼마나 '신뢰'를 중요시했는가를 알 수 있다. 4대문의 이름에 사람이 지켜야 할 오상(五常), 즉 '인의예지신(仁義禮智信)'을 하나씩 따서 붙여놓았다. 동대문(흥인지문), 서대문(돈의문), 남대문(숭례문), 북대문(홍지문)이 각각 그것이다. 그리고 4대문의 중심에 보신각(普信閣)을 세웠다. 보신각의 가운데 글자가 신(信), 곧 신뢰이다. 조선 시대의 통치 원리가 '신(信)'으로 집약되고 내내 유지되었던 게 결코 우연이 아니었던 셈이다.

이처럼 우리는 고객만족과 신뢰로 이어진 개성상인과 보부상의 후예이며, 신뢰를 통치 원리로 삼을 정도로 중시하는 민족적 저력을 갖고 있었기에 나는 IMF 사태라는 절체절명의 위기에서도 경제가 무너지지 않았던 것이라고 나는 생각한다.

일류 기업의 조건과 존경받는 기업의 조건은 같을까, 다를까. 이제 제품 생산과 수익성에서 성과를 내는 일류 기업은 존경받은 기업으로도 진화해야 한다. 기업은 현실 속에서 제기된 혁신 과제를 추구하며 수신제가(修身齊家)를 이룬다. 이렇게 쌓은 경쟁력을 바탕으로 시장이라는 전쟁터에 나가 수많은 기업들과 자웅을 겨룬다. 치국(治國)의 단계를 실현하는 것이다. 그런 뒤에는 어쩔 것인가? 평천하(平天下)의 경영으로 나아가야 한다. 경제계의 판도를 좌우하는 일류 기업일 뿐만 아니라, 기업의 구성원과 기업 외부의 고객으로부터 무한한 존경과 애정의 대상이 되는 초일류 기업으로 성장해야 한다. 이미 고객의 가슴에 깊이 스며든 기업이라면 뿌리 깊은 나무처럼 오래도록 자신의 비전, 자신의 기업적 이상을 꽃피워나갈 수 있을 것이다.

'시큐리티 홀'에 주의하라

변화가 최우선 가치로 회자되는 네트워크 시대에도 변해선 안 될 것이 있다. 바로 신뢰라는 가치다. 이것이야말로 평천하 경영을 이루는 핵심 도구라 할 수 있다.

윤리 경영, 정도 경영, 투명 경영, 가치 경영 등 지금까지 무수한 경영 담론이 생산되어왔다. 하지만 이 모든 것을 실천하기란 사실상 어렵다. 선진 기업을 흉내 내서 좋은 말을 액자에 넣어 걸어놓는다고 존경받는 기업이 될 수는 없다. 그러자면 수많은 담론의 밑바닥에 흐르는 핵심가치가 무엇인지를 파악하고 이를 실천에 옮기지 않으면 안 된다.

서울대 윤석철 교수는 인간 사회에는 우주의 블랙홀과 같은 시큐리티 홀(Security Hole)이 존재한다고 말한다. 비록 확률은 작을지라도 일단 발생하면 치명적 결과를 초래할 수 있는 것이 바로 안전의 구멍, 시큐리티 홀이다.

1979년까지 한국의 라면 회사들은 대부분 미국에서 우지(牛脂)를 수입해 사용하였다. 미국에서 수입한 우지가 공업용이라는 판정이 난 다음에도 대부분의 라면업체에서는 정제 후 그대로 사용했다. 1989년 11월 언론에서 보도가 있기 10년 전에 이미 농심은 고객 신뢰가 더욱 중요하다는 판단으로 원가 부담에도 불구하고 식물성으로 교체하여 우지 파동이라는 치명타를 무사히 넘겼다. 1970년대 중반에는 포장지의 잉크 개발이 미흡해 내용물에 잉크가 배어들곤 했다. 그 즈음 생산한 라면에 냄새가 심하다는 보고를 받자 농심 신춘호 회장은 직접 확인했다. 어느 박스에서는 냄새나는 라면이 있는가 하면 다른 박스에서는 냄새가 나지 않았다. 그러나 혹여 있을지 모를 사고를 대비해 생산된 라면 4만 상자를 전량 폐기했다. 또 유통 중인 포테이토칩이 소태처럼 짜다는 보고를 받고는 10만여 박스의 포테이토칩을 전량 반품받아 폐기했다.

OB맥주와 하이트맥주 사례를 보면 신뢰 문제의 중요성이 더욱 극명하게 드러난다. OB맥주가 우리나라 최고로 물맛이 좋고 깨끗하다는 경기도 이천의 청정 지하수를 썼지만 페놀 사건 한 번으로 기업 이미지에 결정타를 맞고 오랫동안 고전해야 했다. 이 틈을 타 하이트맥주는 '천연 암반수'를 내세워 만년 2등의 설움을 딛고 1위 업체로 올라섰다.

이렇듯 고객의 신뢰는 한번 무너지면 다시 쌓기가 어렵다. 특히 경쟁자가 존재할 때는 더욱 그렇다. 고급 제품을 판다는 백화점이 가짜 제품을 팔고, 할인점이 용량을 줄여 겉보기에만 값이 싼 것처럼 판 사실이 알려진다면 고객은 발길을 돌릴 것이다. 납품업체가 원가를 줄이기 위해 값싼 재료로 만든 제품을 끼워 판다면, 꼭 지키겠다고 약속한 납기를 어긴다면, 어떻게 될까? 그 뒤의 일을 상상하기는 그리 어렵지 않다. 하잘것없어 보이는 자그마한 안전의 구멍을 무시했을 때 기업이 치러야 할 대가는 결코 만만치가 않다. 그간 쌓아 올린 혁혁한 치국(治國)의 실적과는 무관하게 이 작은 구멍 하나로 기업은 헤아릴 수 없는 나락의 길로 빠져들 수 있다.

개인적으로도 신뢰감을 주는 기업의 행동이 얼마나 중요한가를 깨달을 기회가 있었다. 1984년부터 1986년까지 삼성전자에서 마케팅을 담당하고 있을 때였다. 당시는 가전 대리점의 절반 이상이 부도가 나 가전업계가 초토화된 상태였다. 나는 해결 방안을 찾기 위해 먼저 일본 사례를 조사해봤다. 일본 기업은 그런 적이 없었느냐고 물었더니, 놀랍게도 일본에서도 1960년대 초반에 그런 위기를 겪은 적이 있다고 했다. 당시 마쓰시타는 이를 극복하기 위해 전체 대리점 사장들을 다 모아놓고 사흘간 토론해서 답을 얻었다고 했다. 이것이 1964년에 개최된 마쓰시타의 유명한 회담인 '아타미 회담'이다.

역시 문제는 대리점과의 신뢰였다. 삼성가전 전 품목이 국내 경쟁 기업보다 열세인 상황에서 2차 석유위기로 인해 국내 가전시장이 침체되자 밀어내기가 극성을 부리고 있었다. 본사의 영업망은 부실해지고 대리점 간의 과당 경쟁도 극심해졌다. 사전 예약을 하면 할인해주는 인센티브 예약 제도를 실시해봤지만 어떤 대리점도 본사의 요청에 응하지 않았다. 문제는 할인이 계속되면서 미리 예약한 대리점이 손해를 보는 일이 많다는 점이었다. 그래서 대리점은 본사를 불신했다. 시간이 흐를수록 할인율이 커진다면 과연 누가 먼저 예약을 하려고 하겠는가.

해법은 간단했다. 신뢰를 회복하는 일이었다. 먼저 예약한 대리점에게도 나중에 추가 할인을 할 경우 소급해서 적용해주는 제도를 도입했다. 1년이 지나자 대리점과의 신뢰 관계가 회복되면서 회사 정책에 호응하는 대리점이 늘어났다. 신뢰가 쌓이자 그들은 훨씬 더 적극적인 태도를 취했으며, 나아가 본사에 대한 존경의 마인드를 가졌다. 기업이 어려움을 감수하면서까지 자신들의 이익을 위해 뛰어주니 당연한 반응이었다.

이런 존경의 결과는 전자 영업 국내 마케팅 실적 1위의 영광으로 돌아왔다. '판다'라는 단순성에서 벗어나 '이익을 창출한다', '사업을 튼튼히 한다'라는 목표까지 동시에 성취되었다. 이때의 경험 이후 오랜 시간 경영 일선을 오가는 동안에도 '신뢰의 가치'에 대한 믿음은 변하지 않았다.

빅뱅을 가져오는 한국인의 신바람

신뢰의 문제는 비단 기업 외부 고객과의 관계에서만 적용되는 건 아니다. 더 중요한 건 기업 내부 고객, 직원들과의 사이에 형성된 신뢰 관계이다. 전 사원이 사장이 되는 수평 조직의 시대, 네트워크 조직의 시대에는 신뢰 없이는 고객가치 창조, 신바람 조직, 지속 가능한 성장이 불가능하다. 21세기 조직은 20세기와 달리 상하 간의 명령 관계가 아니라 리더십 관계로 발전해나가고 있기 때문이다.

이와 관련하여 흥미로운 것은 한국 특유의 신바람 문화가 신뢰의 문제와 통한다는 사실이다. 페어차일드 공장장으로부터 내가 직접 들은 이야기다. 보통 기업의 생산성에서는 $\pm10 \sim 20\%$의 차이가 있게 마련이다. 그러나 이 사람은 한국에서는 $0 \sim 200\%$로 극단적으로 생산성 차이가 난다고 했다. 왜 그런가 생각했더니 한국인은 한번 틀어지면 생산성이 0%이고 신바람이 나면 200%가 되더라는 것이다. 시너지 내는 문화가 한국인에게 그만큼 중요하다는 것이다. 그리고 그 시너지는 기업이 내부 직원을 믿어줄 때, '당신이 가장 중요한 일을 하는 회사의 인적 자원'이라는 신뢰를 부여할 때 극대화된다는 것이었다.

삼성SDI 혁신 때도 마찬가지였다. 삼성SDI의 혁신을 한마디로 요약하면 미국식 혁신인 리스트럭처링, 리엔지니어링 기법의 도입이다. 구체적으로는 프로세스 혁신(PI)을 통한 일하는 방법의 혁신, ERP(전사적 자원 관리 통합 시스템)와 6시그마의 도입 등이다. 이와 함께 리튬전지와 PDP 기술 개발의 가속화를 통해 성장 동력을 확보하는 동시 다발적 추진 전략이었다. 이 과정에서 나는 임직원의 신뢰가 얼마나 엄청난 일을 이끌어내는지 절감했다. 민심이 곧 천심이라는 말은 결코 헛말이 아니었다. 직원들이 리더를 신뢰하지 않을 때 혁신은 한 걸음도 전진하지 못했다. 그러나 리더가 직원들의 의지를 읽고 "할 수 있다", "당신이 우리 조직 최고의 인재며 이 일에 가장 적합한 인물이다"라는 자신감을 불어넣어주자 상황은 180도로 달라졌다. 직원들이 혁신의 대상이 아니라 주체로 나서기 시작했던 것이다.

조직 내에서 왜 벽이 생기는가? 가장 큰 이유는 노력한 만큼 보상받지 못하고 있다는 생각이 만연하기 때문이다. 자신의 능력이 신뢰받고 있지 못하다는 느낌, 노력해도 발전할 수 없다는 생각을 타파하는 것이야말로 위기 극복의 첩경이다.

서로 믿을 때 변할 수 있다. 잘못된 것을 바로잡을 수 있다는 믿음이 중요하다. 이를 위해 먼저, 법과 제도의 혁신을 통한 신뢰 문화 형성이 필요하다. 조선 시대의 신문고나 IBM의 오픈 도어 시스템(Open Door System)이 모두 믿음을 형성하기 위한 대화 채널이었다. 인간이 신이 아닌 이상 문제는 반드시 생기기 마련이다. 하지만 그 문제를 언제든 시정할 수 있으며, 그것도 내 조직 안에서 그렇게 될 수 있다는 믿음이 생긴다면 조직은 신바람을 내게 된다.

"우리 회사는 사장 마음대로지"라는 냉소가 조직 내에 형성되는 것이야말로 조직이 쇠퇴하는 지름길이다. 삼성종합기술원에서 임원 승진 대상자를 선정할 때 업적과 역량에 따라 인사 부서가 일차 평가하고 그 결과를 놓고 관련 임원이 모여 공개 토론을 통해 결정했다. 삼성SDI의 독일 공장은 무슨 일이든지 신문으로 발행하여 모든 사원이 읽도록 했다. 써서 기록하면 공유하고 공유하면 신뢰가 싹트기 때문이다. 신뢰가 없으면 우수한 인재가 모이지 않는 건 물론이고, 그나마 있던 우수 인력도 나가버린다. 조직과 구성원 사이에는 상호 의무와 권리에 대한 일종의 묵시적 계약이 각자의 마음속에 자리 잡고 있다. 이를 심리적 계약이라고 한다. 연초의 연봉 협상과 그에 따르는 문서 계약보다 더 중요한 건 믿음에 기초한 심리적 계약이라는 사실을 기업은 절실히 깨달아야 한다.

'의인불용 용인불의' 의 용병술

일류 인재들을 모아놓는다고 회사가 곧 일류가 되는 것은 아니다. 일류를 일류답게 하고 나아가 초일류로 만드는 데는 무엇보다 리더의 역할이 중요하다. CEO는 사원들의 능력을 믿어야 한다. "나는 열심히 하는데 사원들은 왜 안 하는지 모르겠다"고 생각하는 것은 어리석은 일이다. 이야기할 때도 가르치려고만 들지 말고 신뢰를 주고 마음 깊은 곳에서 깨닫게 해야 한다. 사람을 믿고 일을 맡기면 자신의 최고 능력을 발휘하게 되어 있다.

이건희 회장의 인사 철학은 '의인불용 용인불의(擬人不用 用人不疑)'이다. 의심나면 쓰지 말고, 일단 쓰기로 마음먹었으면 결코 의심하지 말라는 것이다.

조직 내 구성원 간의 신뢰, 특히 리더와 직원 사이의 신뢰는 조직의 힘을 결정적으로 좌우한다. 리더 쪽에서 보면 직원을 믿으면서 마음을 열고 의사소통을 하는 것이다. 반대로 직원 쪽에서 보면 상대가 자신을 신뢰할 수 있도록 모든 일을 올바로 처리해서 믿음을 쌓는 것이다. 위에서는 신뢰를 주는 것이고 밑에서는 스스로 쌓아올리는 것이다. 아래서 쌓아올리는 노력과 위에서 주는 믿음이 합쳐지면 신뢰 경영은 저절로 이루어질 수밖에 없다.

세종대왕은 임금과 신하 간에 신뢰를 유지하기 위해 각자 버려야 할 3불(不)이 있다고 말했다.

임금의 3불은 무엇이었는가? 부지(不知), 즉 누가 인재인지 모르고, 부절(不切), 즉 마음이 절실하지 않고, 불합(不合), 즉 마음이 안 맞는 것이다.

신하의 3불은 또 무엇인가? 불통(不通), 즉 내 뜻을 임금에게 전달할 방법이 없고, 불경(不敬), 즉 존경스럽지 않아서 스스로 움직이지 않고, 불합(不合), 즉 만나봤는데 안 맞는 것이다.

이런 것들이 합쳐지면 아무 일도 할 수 없다. 이를 깨려면 먼저 신뢰를 갖고 마음을 열어 대화의 장을 만들어야 한다. 끊임없이 이런 장을 만들고 직원들에게 먼저 손을 내미는 게 바로 CEO가 할 일이다. 부하 직원의 입장에서는 마음이 있어도 선뜻 손을 내밀지 못한다. 건방지다, 주제넘다는 평가를 받을까 두려워서이다. 그런 장벽이 오래 가다 보면 결국

"우리 사장은 안 돼"라는 결론으로 이어지게 된다. 한번 형성된 부정적인 이미지는 어지간한 노력이 아니면 바뀌지 않는다. 흔한 말로 이도 저도 안 되는 '콩가루 집안'이 될 가능성이 높은 것이다.

자신의 꿈과 입맛에 따라 자유롭게 직장을 선택하는 분위기가 점점 강해지는 시대이다. 당연히 기업충성도는 그만큼 낮아질 수밖에 없다. 그러나 이런 시대일수록 변치 않는 신뢰의 가치가 필요하다. 믿음을 주고 마음을 얻는 신뢰 관계 형성이 무엇보다 중요하다. 설혹 어떤 직원이 자신의 미래 설계에 따라 회사를 떠난다고 해도 마찬가지다. 믿음을 주고받은 직원이라면 언제 어디서든 듬직한 홍보대사 역할을 한다. 그것이 기업 이미지에 어떤 영향을 미칠지는 자명하다.

21세기는 자아실현의 시대, 꿈의 혁명 시대라고 한다. 모든 사람이 사회적 존경을 원하고, 자아실현을 추구하는 경향도 만발하고 있다. 기업도 이런 추세에 발맞추어 존경받는 기업, 사회적 의무와 책임을 다하는 기업으로 거듭나야 한다. 그런 꿈의 바탕과 실현의 도구가 바로 신뢰라는 사실을 기업 경영자들은 한시도 잊어서는 안 된다. 또한 영원히 그것을 지키기 위해 노력하지 않으면 안 될 것이다.

신뢰 경영을 위한 혁신 도구, 페어 프로세스

기업 활동에서 신뢰는 '얼마나 공정했는가' 라는 문제와 불가분의 관계에 있다. 이런 공정성은 일의 기획 단계나 추진 과정, 결과, 성과에 대한 보상 체계 등 모든 면에서 철저히 적용되어야 한다. 학교, 군대, 기업 등 인간이 모인 사회에서 공정성만큼 한 조직을 단합시키거나 분열시키는 원인은 없다. 옛 시절을 돌이켜보면 선생님이 누군가를 편애하고 상을 몰아줘 학생들끼리 반목하던 경험이 누구에게나 있을 것이다. 남성이라면 군대 사회의 부조리와 불합리를 뼈저리게 느낄 텐데, 속된 말로 '까라면 까는 것' 이겠지만 그게 어디 신뢰나 자발성에 기초한 실천이 될 수 있겠는가.

신뢰를 위해서는 전체의 합의, 그리고 합의된 것은 꼭 지키겠다는 전제가 필요하다. 이럴 때 설혹 자신이나 자신의 팀에게 손해가 되는 결과가 나왔다 하더라도 그 절차가 전체의 합의 수준에서 공정한 것이었다면 별다른 문제가 발생하지 않는다.

공정한 절차, 즉 페어 프로세스(Fair Process)는 가치혁신을 통한 변화 관리 방법으로 변화나 혁신을 공정한 절차에 의해 진행함으로써 내부 직원들의 신뢰와 협력을 얻어내는 기법이다. 변화를 추진할 때 흔히 빠질 수 있는 오류가 결과에만 집착하는 것이다. 그러나 결과에만 집착해서는 안 되고 그 절차도 신중히 고려해야 한다. 실제 일을 추진하는 사람들은 절차 또한 결과만큼 중요하게 생각하기 때문이다. 따라서 공정한 절차를 세워 실행할 때에만 직원들의 자발적 협조와 기대 이상의 성과를 달성할 수 있다.

공정한 절차의 세 가지 기본 원칙은 동참(Engagement)과 설명 (Explanation), 그리고 명확성(Expectation Clarity)이다.

첫째, 동참을 위해서는 사전에 직원들의 의견과 요구를 충분히 고려해야 한다.

둘째, 설명은 의사결정과 실행 내용을 직원들에게 완벽하게 이해시키는 것이다. 그래야만 신뢰를 줄 수 있고, 일이 수순에 따라 진행될 수 있다.

셋째, 명확성은 절차가 실행되는 과정에서 누가 무엇을 어떻게 해야 할지 정확히 알고 있어야 한다는 것이다.

공정한 절차가 이뤄지지 못하는 이유는 사람들 대부분이 자기 자신은 언제나 공정하게 생각한다고 착각하기 때문이다. 또한 자신이 지닌 정보와 지식을 내놓기 꺼리는 경우도 공정한 절차에 저해가 된다. 함께 일을 추진하는 사람들에게 지식을 널리 전달하고 공유해야 '합의'가 발생하고 비로소 제대로 된 추진력을 얻을 수 있다.

돼지

풍요를 나눠 더 큰 풍요를 만든다

십이지 중 마지막 동물인 돼지는 모든 것을 베푸는 미덕을 갖고 있다. 실제로 돼지는 내장, 피, 고기 등 어느 것 하나 버릴 게 없다. 주기만 하고 받아가는 것은 없다. 남을 해치지도 않는다. 요구하지도 위협하지도 않는다.

돼지는 다산, 풍년, 식복을 상징하는 만복의 으뜸으로 산신과 지신에 제사 지낼 때 신성한 제물이 되기도 한다. 인간의 소원은 만복이며, 그 근원은 화합이다. 화합은 아름다운 세상, 즉 황금시대를 만드는 기본이다. 끊임없이 주기만 하고 받아가는 것 없는 돼지의 희생정신이야말로 황금시대를 열어가는 가장 중요한 덕목이라 할 수 있다.

기업도 돼지를 닮아야 한다. 기업은 활동의 결과물로 풍요를 늘리고 나아가 사회 전체와 그 풍요를 나눠야 한다. '기업의 목적은 무엇인가', '우리는 왜 일하는가'와 같은 질문에 대해, 풍요를 나눠 더 큰 풍요를 만드는 돼지의 덕성이 좋은 답이 될 것이다.

더 많은 공헌을 꿈꿔라

주고 또 주면 더 큰 결실이 돌아온다

"왜 기업을 하는가?"

기업을 하는 사람치고 이런 질문을 스스로에게 던져보지 않은 사람은 없을 것이다. 사람마다 다양한 답이 나올 수 있다. 하지만 역시 "기업 활동을 통해 더 많은 사회적 공헌을 할 수 있기 때문에"라는 답이 가장 가치 있는 것이라는 믿음에는 변함이 없다.

기업 경영은 이타적인 것이 되어야 한다. 기업은 고객에게는 좋은 제품으로, 종업원에게는 급료와 자아실현으로, 주주에게는 주식 가치 증대와 이윤 배당으로, 국가에는 경제 발전과 사회 공헌으로 이바지한다. 기업 경영은 결국 이들 모두와 만나는 활동이며, 싫든 좋든 더 나은 발전을 지향할 수밖에 없다. 그렇다면 기업의 궁극적 목표가 이들 모두에게 최상의 봉사를 제공하는 것이라고 말해도 이상할 게 없다.

앞에서 살펴본 11가지의 경영 기본기를 실천한 뒤 도달할 곳은 어디인가? 바로 모두가 더불어 행복하게 사는 세상이다. 모든 걸 남김없이 주는 돼지의 선행과 기업 활동은 깊은 곳에서 이미 닮아 있을 수밖에 없다.

이제까지가 Give & Take의 시대였다면 앞으로는 Give & Give의 시대가 되어야 한다. 'Give & Give'는 일본의 후나이라는 컨설턴트가 주창한 것이다. 그 내막을 따라가보면 각 시대를 구분 짓는 기업정신, 고객 마인드의 흐름이 보인다.

약육강식의 시대에는 Take & Take의 원리가 작동했다. 빼앗거나 빼앗기기만 하는 시대였던 것이다. 그러나 이것이 근본적인 대안이 될 수 없다는 걸 인류가 깨우치고 난 뒤에는 Give & Take의 시대가 도래했다. 알다시피 공평하게 주고받자는 것이다. 그러나 이제는 그것으로도 안 된다. 주는 사람은 많이 준다고 생각하는데 받는 사람은 왜 이것밖에 안 주냐고 생각하기 때문이다. 똑같은 걸 주고받아도 서로 다른 마음을 갖게 되는 것이다. 그래서 Give & Give가 나왔다. 말 그대로 주고 또 주자는 것이다. 그러면 갈등이 없어지고 거꾸로 더 얻는다. 먼저 베풀면 돌아오게끔 되어 있다. 작은 일이라도 베푸는 것이 원동력이 되어 더 큰 효과를 가져올 수 있다는 것이다.

인간을 위해 남김없이 쓰이는 돼지는 무한정 베풀고 배려하는 Give & Give의 대표적 상징이다. 이와 같은 적선(積善)과 적덕(積德)은 더 큰 것을 얻게 하는 덕목이다. 약육강식(Take & Take)보다 합리적 공평(Give & Take)이 더 큰 성과를 창출하고, 합리적 공평보다 베풀고 배려하는 것(Give & Give)이 훨씬 더 큰 성과를 실현한다.

대학가에서 붕어빵을 파는 사람이 있었다. 그러나 날이 갈수록 적자만 나고 돈을 벌지 못했다. 어느 날 그는 장사가 적성이 아니라고 판단하고 그만두기로 마음먹었다. 그러고는 마지막이라는 생각으로 보통 때보다 팥소를 세 배쯤 더 넣었다. 남은 재료를 빨리 없애고 가려는 마음뿐이었다. 그런데 바로 그 순간 놀라운 일이 벌어졌다. 1000원어치를 사간 아가씨가 다시 와서 3000원어치를 더 사갔다. 3000원어치를 사간 사람이 친구들을 데려왔다. 그렇게 해서 순식간에 붕어빵은 동이 났다. 너무나 신기해서 계산을 해보니 팥소를 많이 넣어도 그 정도로 팔리면 이익이 남더라는 것이었다. 그 전에는 미처 생각지 못한 결과였다. 이후부터 그는 팥소를 듬뿍 넣은 붕어빵으로 인근의 돈을 쓸어 모으게 됐다.

민들레영토의 성공 사례도 이와 비슷하다. 창업자는 이혼한 뒤 무직자가 되어 도서관을 전전했다. 목사였지만 이혼 경력 때문에 목회를 할 수 없었다. 어느 날 그는 시간 때울 데를 찾아 한 카페에 주스 한잔을 먹으러 들어갔다. 주스를 시켜놓고 이러저런 생각으로 한참을 앉아 있었는데 종업원이 오더니 이렇게 말했다. "주스 한 잔 시켜놓고 이렇게 오래 앉아 있으면 장사를 어떻게 해요?" 이때 그는 크게 깨달은 바가 있었다. 잘못된 시스템을 바꿔 누구든지 마음 놓고 앉아서 생각하며 즐길 수 있는 공간을 만들어야겠다는 생각이었다. 그런 문화와 아낌없는 서비스를 제공한 민들레영토는 성공의 길을 달렸다. 스타벅스보다도 앞서 문화와 서비스를 파는 기업이 한국에서 탄생한 것이다.

결국 기업이 먼저 고객에게 가치를 선사하면 그에 상응하는 보답은 꼭 돌아온다. 이것이 Give & Give의 정신이자 '나눔 경영'의 요체이다. 또한 '왜 기업을 하는가'에 대한 근본적인 대답이다.

혁신 경험을 나누어라

21세기에 들어와 지속 가능한 성장(Sustainable Growth), 가치 이동(Value Shift)이라는 용어가 급속히 전파되고 있다. 한국 기업도 IMF를 계기로 이러한 문제들을 직시하기 시작했다. 윤리 경영, 정도 경영, 투명 경영, 환경 경영의 중요성을 깨닫고 그 심각성에 눈뜨게 된 것이다. 오늘날 산업화의 역군으로 국가 경제 발전을 주도한 세대들이 비판을 받는 지점이 바로 거기다. 과거에는 고도성장을 통해 잘살게 되었으나 소외 계층, 상대적 박탈감을 가진 계층에 대한 사랑이 부족했다는 것이다. 한마디로 기업의 책임보다는 이윤만 중시하는 생각과 관행이 비판적인 여론을 불러온 것이다. 선진국도 이러한 사회 갈등을 겪었고, 노블레스 오블리제(Noblesse Oblige)로 극복했다.

개인적으로도 그렇다. 나는 내 인생 전반이 사회로부터 기회를 얻고 자원의 도움을 받아서 성장 발전해왔다고 생각한다. 이제 제2의 인생, 즉 두 번째 반생(2nd Half)에서는 사회를 위해 좀 더 기여하는 삶을 사는 게 마땅하다고 생각한다. 그것이 내가 입은 은혜를 조금이라도 사회에 환원하는 길이라고 믿기 때문이다. 그런 보답의 길 가운데 하나가 바로 경영 활동을 통해 내가 얻은 경험, 곧 혁신의 가치와 성공 노하우를 보다 많은 이에게 알리는 것이라 생각하고 있다.

이제까지의 혁신 경험을 통해 얻은 깨달음이 하나 있다. 한 회사만 경영혁신에 힘써서는 안 된다는 것이다. 국가 전체가 혁신 문화로 발전해나가지 않으면 기업의 혁신도 이내 한계에 부딪히게 된다. 상호 경쟁에 의한 상승 작용, 상호 협력에 의한 시너지를 구현하는 것이야말로 가장 효과적인 혁신 방법의 하나이기 때문이다. 이미 독자들은 세계 초일류 기업들이 어떻게 서로의 경험을 나누고 경쟁하며 발전을 가속화했는지를 이 책 전반을 통해 알게 되었을 것이다.

1996년 삼성SDI에서 6시그마 혁신을 도입하고 얼마 지나지 않아 곧바로 〈한국경제신문〉과 협력할 기회를 얻었다. 1년에 걸쳐 국가 차원에서 이뤄지는 6시그마 캠페인을 주도할 수 있게 된 것이다. 또 능률협회를 중심으로 한 6시그마 방법론 확산 작업에 참여하기도 했다. 지금도 6시그마 경영혁신을 도입하겠다는 곳이 있으면 나는 만사를 제쳐놓고 달려간다. 하나님께서 품질 혁신, 경영 혁신, 프로세스 혁신 등 혁신 역량을 개발하도록 해준 것은 이를 통해 국가 사회 발전에 기여하라는 뜻일 터이기 때문이다. 2004년 말 6시그마의 창시자인 마이클 해리가 '제3세대 6시그마'는 한국만이

할 수 있다며 한국에서 발표회를 가진 것은 지난날의 노력에 대한 큰 칭찬으로 받아들여져 개인적으로도 자랑스럽게 생각한다. 사회와 국가에 대한 봉사는 기업인이라면 마지막에 반드시 해야 할 일이 아닐까 하는 믿음을 갖고 있기에 그것이 큰 격려가 되었다.

이렇게 혁신 경험을 여러 기업에 전파함으로써 사회 전체의 혁신 역량을 높이는 효과를 얻을 수 있을 것이다. 그것으로 모든 기업에 혁신 경쟁의 바람이 불고, 더 많은 발전이 가능해진다면 사회적 기여에 힘쓰는 기업들도 보다 늘어나게 될 것이다. 함께 경쟁하며 하나가 되어 봉사하는 것이 가능해지는 셈이다. 이처럼 건전한 경쟁의 기풍, 가진 것을 나눠 서로의 발전을 독려하는 문화도 결과적으로 기업이 사회적 풍요에 이바지하는 한 방법이 되리라 생각한다.

리더의 자기관리는 어떠해야 하는가?

기업을 이끄는 리더 역시 Give & Give의 정신을 잊어서는 안 된다. 기업의 비전을 밝히는 일, 전 조직원의 지혜와 힘을 모아 성취해야 할 궁극적인 목표가 바로 이 정신과 결부되어 있기 때문이다.

나눔과 배려의 리더십을 갖춘 경영자는 자기관리 방법 역시 건강하고 미래 지향적인 것일 수밖에 없다. 만사를 긍정적이고 적극적으로 생각하는 것, 크게 생각하고 믿는 대로 행동하는 것이야말로 성공의 요체이기 때문이다. "나는 할 수 있다"는 끊임없는 자기암시, 심지어 이루고 싶은 것을 크게 써놓고 매일 쳐다보는 것만으로도 큰 성취를 이룰 수 있다고 한다.

미국 백화점 왕 존 워너메이커가 벽돌 공장에서 노동을 하던 13세 때의 일이다. 동네 교회로 들어가는 길이 비가 조금만 내려도 진창길이 되어 불편했는데 아무도 관심이 없었다. 존은 7센트밖에 안 되는 임금에도 매일 벽돌 한 장씩을 자기 공장에서 사다가 그 길에 깔기 시작했다. 혼자 완성하려면 2년이 걸릴 엄청난 일이었다. 놀랍게도 1개월 안에 기적이 일어났다. 존의 모습을 보고 이기적이고 형식적인 믿음만을 지녔던 교인들이 자기들의 잘못을 깨우쳐 그 길뿐 아니라 낡은 교회까지 신축하기로 결의했기 때문이다. 꿈을 가진 소년 존의 좌우명은 씽킹, 트라잉, 그리고 트러스팅(Thinking, Trying and Trusting)의 3T였다. 생각과 노력 그리고 믿음. 워너메이커의 3가지 성공 방식은 그가 보여준 봉사정신과 절묘하게 어우러져 경영자들이 지향해야 할 삶의 자세를 잘 설명해주고 있지 않은가.

이런 긍정의 리더십 못지않게 중요한 것이 또 있다. 온유와 겸손이다. 나 역시 '온유, 겸손'이라는 글씨를 액자에 넣고 바라보며 시시때때로 마음을 가다듬는다. 여러 성과를 거두었다고 언론 매체에도 오르내리고 제법 유명세를 얻었지만 주위의 훌륭한 선배와 동료들을 보며 나는 항상 내 자신의 부족함을 절감한다. 그러다 보니 더 배워야 한다는 생각에 더 열심히 책을 읽게 되었다. 특히 내가 직접 자동차를 운전하지 않게 된 다음부터는 차 안에서 무언가 읽지 않으면 왠지 모르게 불안할 정도였다. 어느 날은 새로 온 운전기사가 "하루도 빼놓지 않고 차에서 책을 읽는 CEO는 사장님이 처음"이라고 말하기도 해서 나 스스로도 놀란 적이 있다. 내가 늘 부족함을 느끼듯이, 부하 사원들도 마찬가지일 거라는 생각이 들었다. 내가 알고 있는 것을 강의나 개별 지도를 통해 알려주고, 책을 읽도록 권유하는 버릇을 가진 것은 그 때문이다.

겸손한 마음은 곧 진인사대천명과도 통한다. 부족한 것을 아는 사람은 최선의 것을 이룰 수 있을 때까지 노력을 멈출 수 없기 때문이다. 나 역시 '진인사대천명'을 신조로 삼고 있으며, 성실하고 정직하게 그리고 엄격하게 자신을 대해야 한다는 신념을 가지고 있다.

'궁즉통', 즉 궁하면 통한다는 사실을 믿으며, 항상 위기 상황으로 나 자신을 몰아넣다 보니 때로는 조직원들에게 미안한 일이 생기기도 한다. 일이 점점 많아지고 힘겨운 과제가 연속되기 때문이다. 미안한 일이기는 하지만 우리가 가는 길에 평탄대로는 없다는 확신 때문에 위기 속에 몸을 던지는 일을 멈출 수는 없었다. 그런 위기의 가시밭길을 헤쳐나갈 수 있어야 진정한 실력을 가진 경영자로 완성될 수 있다는 믿음 때문이었다. 실제로 나와 함께하며 어려움을 극복해본 부하 직원들은 그 아무리 위태로운 조직에 가더라도 훌륭하게 소임을 다해냈다. 위기 속에 단련되고 가시밭길을 헤쳐나간 경험이, 조직이 원하는 역할을 담당할 수 있는 뛰어난 역량을 길러주었기 때문이다. 앞으로도 어떤 위기가 닥쳐오더라도 온유와 겸손, 궁즉통의 필사정신을 갖고 있다면 헤쳐나가지 못할 어려움은 없으리라 생각한다.

굿바이 잭 웰치?

지난 2006년 7월 미국의 경제 전문지 〈포춘〉은 매우 자극적인 제목의 기사를 실었다. '웰치의 경영 지침서를 찢어버

려라' 하는 기사였다. 〈포춘〉은 이렇게 말했다. "미국 역사
상 가장 위대한 최고경영자로 평가받는 웰치의 경영 원칙이
과거에는 주식회사 미국의 경영 바이블로 인식되었지만 이
제는 낡은 원칙이 되었다"는 것이었다.

그 기사를 읽으며 무릎을 쳤다. 장강의 앞 물결을 뒤 물결
이 밀어내듯, 신적인 존재로 추앙받던 잭 웰치조차 현실의
변화를 이겨낼 수는 없다는 사실 때문이었다. 그렇듯 경영
환경은 시시각각 변한다. 잭 웰치가 주장했던 경영 원칙도
세월의 흐름에 따라 분명 낡은 것으로 바뀌고 있다.

하지만 변하지 않는 것도 분명히 있다. 〈포춘〉의 지적 가
운데는 "주주가 왕이라는 웰치의 논리는 이제 고객이 왕이
라는 새로운 원칙으로 바뀌었다"는 대목이 있었다. 사실 이
대목이 모든 걸 설명해주고 있다는 생각이 들었다. 이끼가
끼지 않는 돌은 구르는 돌이다. 그러나 그렇게 굴러가는 돌
에도 명확한 지향점이 있다. 아무리 바쁘게 정신없이 구르더
라도 그것은 고객에게 다가가기 위한 몸부림이며, 고객에게
더 잘 다가가기 위한 행동이라는 것이다.

〈포춘〉에 따르면, 베인&컴퍼니의 연구 결과 경영자의
80%는 자신이 소비자 만족을 위해 경영 활동을 수행하고 있
다고 생각한다. 반면 소비자들은 8%만이 이에 동의하고 있

다. 고객이 왕이라는 〈포춘〉의 지적에는 논란의 여지가 있을 수 없다. 고객을 만족시키지 못하는 기업은 상품을 제대로 팔 수 없을 것이며 그러면 주주 가치도 커질 수 없을 것이기 때문이다. 하지만 단지 '만족'이라는 표현으로는 부족하다. 그보다 한층 차원을 높여 '조력' 혹은 '기여'라는 표현을 쓰는 게 더 적확하다고 생각한다. 이 역시 나눔 경영의 관점, Give & Give의 정신으로 고객을 바라봐야 하지 않나 싶기 때문이다.

〈포춘〉의 기사는 국제 시장에서 국경의 장벽이 사라져버린 무한 경쟁의 시대에 기업이 향해야 할 곳이 어디인가를 분명히 보여주고 있다. 이런 시대 상황 속에서 CEO는 더욱 아낌없이 주는 나무가 되어야 한다. 기업 내적으로는 자신의 경험과 비전, 목표, 신뢰 등을 내부 고객들에게 줘야 한다. 외부적으로는 가장 좋은 제품을 생산해 고객의 가치를 실현해주는 한편 주주의 이익도 극대화해야 한다. 이런 활동의 총체로서 기업은 가치 있는 사회적 존재로서 자리매김해야 하고, 그 토대 위에서 더불어 사는 삶을 실현하려는 노력을 부단히 기울여야 한다. 그것이 바로 풍요를 나눠 더 큰 풍요를 낳는 돼지의 정신을 실현하는 경영이다.

일급의 예술가들은 자신의 분야에 막힘이 없다. 무소불위의 자유가 그에게 허락된다. 이처럼 자신을 열어놓지 않으면 그는 스타일의 포로가 되고, 매너리즘의 포로가 되어 진정한 창작정신을 잃게 될 염려마저 있다. 그래서 그들은 몇 달, 몇 년에 걸쳐 힘들게 작품을 구상한 뒤엔 오히려 모든 걸 잊고 백지 상태에서 다시 출발한다.

경영도 마찬가지다. 〈포춘〉이 "웰치의 경영 지침서를 찢어 버려라"라고 했듯이, 기업의 CEO는 이제껏 쌓아왔던 모든 것을 흔쾌히 버릴 줄 알아야 한다. 채운 것을 비우지 않으면 고인 물 잔이 되어 그 속의 물은 썩게 마련이다. 물 잔을 비우듯이 언제나 자신을 비워두고 흐르는 물결을 초대해야 한다. 그 물결을 통해 세상 안팎을 자유롭게 넘나들어야 한다. 그런 CEO만이 자신이 사랑하는 기업과 함께 역동적으로 움직이며 끊임없는 발전을 향해 나아갈 수 있다.

시장에 나가면 도전자는 쉼 없이 등장한다. 무한 경쟁을 특징으로 하는 세계 경제 시장에서 생존하려면 죽음이라는 표현으로도 부족한 각고의 노력이 필요하다. 그러니 위기가 닥칠 때마다, 혁신이 필요하다고 느낄 때마다, 앞을 보라. 거기에 고객이 있다. 다시 한 번 앞을 보라. 거기에 또 고객이 있다.

CSR 없이는 21세기 초우량 기업도 없다

CSR(Corporate Social Responsibility)은 기업이 사회에서 요구하는 경제적, 사회적, 환경적 책임을 인적·물적 자원 등을 통해 수행하는 활동을 말한다. 기업은 사회를 떠나 홀로 존립할 수 없으며 사회적 목적과 욕구를 만족시킴으로써 그 가치를 발휘할 수 있다. 과거와 달리 기업의 사회적 책임에 대한 인식이 높아져, 이제 일정한 사회 공헌 없이는 기업 활동 자체가 힘들어지고 있다. 따라서 기업 경영을 지속하기 위해서는 사회의 요구를 충실히 따르고 사회적 책임을 이행해야 한다. 이를 통해 고객에게 좋은 이미지를 줄 수 있으며, 장기적으로는 그것이 이윤과 연결될 수도 있다. 기업의 다양한 사회 활동이 고객에게 중요한 판단 기준이 될 수 있기 때문이다. 즉 기업의 사회적 책임이 고객가치에도 영향을 미친다는 것이다.

사회 공헌을 통해 고객에게 신뢰받는 기업에게 CSR이 강력한 경쟁력 도구가 될 수 있다. 따라서 이는 단순한 사회적 책임을 넘어선 고도의 경영 전략이 되기도 한다. 기업의 제품이나 서비스에 대한 이미지 창출이나 판매를 위한 직접적 마케팅 수단으로 CSR이 활용되고 있다.

CSR은 윤리 경영, 지속 가능 경영, 공익연계 마케팅, 사회 공헌 프로그램 등으로 발전하면서 하나의 기업 문화로 정착되고 있다. 선진국의 기업들은 CSR을 핵심 가치로 인식하고 실행 지침을 작성해 실천에 옮기고 있다.

위험 시대를 돌파해나갈 CEO를 위한
십이지 경영학

초판 1쇄 발행 2009년 1월 15일
초판 3쇄 발행 2010년 8월 15일

지 은 이 손욱

펴 낸 이 최용범
펴 낸 곳 페이퍼로드
출판등록 제10-2427호(2002년 8월 7일)
　　　　　서울시 마포구 연남동 563-10번지 2층

이 메 일 book@paperroad.net
홈페이지 www.paperroad.net
커뮤니티 blog.naver.com/paperroad
Tel (02)326-0328, 6387-2341 | Fax (02)335-0334

I S B N 978-89-92920-24-7 03320